「限界」に向かって跳ぶ

羽生結弦の言葉

桑原晃弥

苦難を乗り越えて勝利をつかみ取る

フィギュアスケートの2023－2024年シーズン・グランプリファイナルには、日本人選手が男女3名ずつ、出場します。

女子では世界選手権女王で北京オリンピック銅メダリストの坂本花織、中国杯優勝の吉田陽菜、そして、住吉りをん。男子ではフィンランド大会優勝の三浦佳生、オリンピックメダリストの宇野昌磨、鍵山優真です。

ほかにもグランプリシリーズでは多くの日本人が活躍しており、今日の世界フィギュアスケート界において、日本勢が極めて高い地位を占めているのは明らかです。

このように、多くの日本人選手が活躍している背景には、先人たちの努力と活躍があったことは言うまでもありません。

しかし、ソチと平昌で五輪2大会連続の金メダルという偉業を成し遂げた羽生結弦の存在なくしては、これほどの活況は望めなかったのではないでしょうか。

羽生がフィギュアスケートを始めたのは4歳のとき。姉が仙台市のスケート場で練習をしており、ついていったのがきっかけでした。

転機となったのは、日本初の世界選手権メダリスト佐野稔《みのる》を育てた名コーチ、都築《つづき》章一郎との出会いです。

当時8歳だった羽生は、まだ一番下のクラスに在籍していましたが、その感性を見抜いた都築は羽生をマンツーマンで指導し、見事に才能を開花させたのです。

練習漬けの日々に嫌気が差すこともあったという羽生ですが、２００４年、９歳で全日本ノービス選手権に出場し、優勝。続くフィンランドでのサンタクロース杯でも優勝したことで自信をつけます。以来、「練習が好きだ」と思うようになり、さらに才能と技術に磨きをかけていきました。

羽生と同じく仙台で練習を重ねていた荒川静香がトリノオリンピックで金メダルを獲得したのは、その2年後、２００６年のことでした。

その影響もあったのでしょう。羽生は早くから「五輪金メダリストになりたい」という目標を公言し、そのために厳しい練習に打ち込むようになりました。

目標をはっきりと口にするようになった羽生は、世界ジュニア選手権での優勝を経てシニアの大会に出場するようになり、２０１１年11月、グランプリシリーズのロステレコム杯で初めての優勝を果たします。

そして、２０１３-２０１４年シーズンには、ソチオリンピックでの金メダルに加え、グランプリファイナル優勝、世界選手権優勝という三冠を達成しました。

19歳の羽生は、この活躍でフィギュアスケート界の大スターとなったのです。

羽生が現役を引退した今でも多くのファンを魅了し続けているのは、何より数々の苦難を乗り越えてきた「生きざま」によるところが大きいでしょう。

２０１１年、練習中の仙台で東日本大震災に見舞われた羽生は、避難生活を余儀なくされました。その後は、練習の拠点を失ったことで、各地のアイスショーなどに出演しながらトレーニングをするという不遇を経験しています。

さらに２０１４年には、練習中に他の選手と衝突、大ケガをしながらグランプリファイナルで優勝するというドラマを見せました。

２０１８年の平昌オリンピックでは、やはりケガが原因で何カ月も練習ができないところから復活し、金メダルを獲得しています。悲劇に見舞われながらも、それらを乗り越えて勝利をつかみ取る――。そんな羽生の姿は、日本中を熱狂させました。

そして今、羽生はスケート界の未来のための活動も進めています。2023年11月、羽生が今も活動の拠点とする仙台市に、新たなスケートリンクを設営する計画が発表されました。羽生は「自分と同じようにこの街でフィギュアをやりたいと思う次の世代が一人でも多く生まれることを期待しております」というコメントを寄せました。

本書で紹介した羽生の言葉は、フィギュアスケートを始めた子ども時代から今日まで、折にふれて羽生が口にしたたくさんの言葉の中から選んだものです。

フィギュアスケートに関する言葉が中心ではありますが、「目標をはっきりと口にする」姿勢や、「逆境の中でもできることに全力を尽くす」姿勢など、今を生きる人にとって参考になる言葉がたくさんあります。つらいときでも前向きに努力し続けてきた羽生の言葉や生き方が、読者のみなさんの生きる支えとなれば幸いです。

最後になりましたが、本書の執筆と出版には、リベラル社の伊藤光恵氏、仲野進氏にご尽力いただきました。感謝申し上げます。

桑原　晃弥

第一章　初心を忘れない

第二章　勝利をつかみ取る

第三章 常に課題を持ち続ける

第四章　感謝の気持ちを持ち続ける

第五章　逆境を乗り越える

第六章　さらに上の成長を目指す

WORDS OF YUZURU HANYU

第一章

初心を忘れない

WORDS OF YUZURU HANYU 01

内なる声に耳を傾けよう

今まで4Aを（中略）目指していた理由は、僕の心の中に9歳の自分がいて、あいつが「跳べっ」ってずっと言っていたんですよ。

▼『Number』1046

羽生結弦がフィギュアスケートを始めたのは4歳のときです。

当時、仙台市のコナミスポーツクラブ泉というスケートリンクで4歳上の姉が練習をしており、その姉についていったのがスケートとの「出合い」でした。

転機となったのは、日本初の世界選手権メダリストの佐野稔を育てた名コーチ都築章一郎と巡り合ったことでした。

都筑は8歳の羽生を見て、「この子はスケートの感性を持っている」と直感したのです。

当時の羽生は指導コースの一番下のクラスでしたが、その才能に惚れた都築は、1日2時間マンツーマンで指導し、羽生の才能を開花させたのでした。

羽生が都築によく言われたのが「アクセルは王様のジャンプだ」という言葉です。その後、羽生は美しく多彩なジャンプで世界王者へと成長しますが、いつも頭の中にあったのは、この言葉でした。

その後、羽生は人間の身体能力では不可能とも言われる「4回転アクセル」に挑み続けます。そして、その挑戦の原動力となったのは、9歳の頃の自分が放つ「跳べっ」という言葉でした。

世界を制した羽生結弦のルーツはここにあったのです。

WORDS OF YUZURU HANYU

02

周りに流されない、同じことをしない

たまにはみんな無理してね。無理しないと限界超えられない。

▼『共に、前へ　羽生結弦　東日本大震災10年の記憶』

一流と呼ばれるアスリートは、誰しも人の何倍もの努力をしているものです。

14歳で初めて世界に挑んだ世界ジュニア選手権大会で、羽生結弦は総合12位となりますが、それ以来、1日1日の練習を大切にするようになったと話しています。

携帯電話も持たず、ひたすら自宅とリンクと学校を移動するだけの日々を経て、羽生は世界ジュニアの王者へと成長しました。

そんな経験から、自分と同じように練習に励む子どもたちにアドバイスを贈ったことがあります。

相手は札幌の子どもたち。子どもたちを指導していた山田真実コーチは、スケートを始めたばかりの羽生を指導した人物でした。

「周りと一緒に流されちゃダメ。周りがやっていることを同じようにやっちゃダメ。周りがやっていることの1・2倍やる。もしくは2倍やる」

「無理は禁物」という言い方がありますが、自分が本当にやりたいことのためには、ときには「無理をする」ことも必要でしょう。その無理が限界を超える力になる。それこそが、羽生が子どもたちに伝えたかったメッセージなのです。

WORDS OF YUZURU HANYU 03

目標があるならはっきりと口にしよう

日本には荒川静香さんの五輪金メダルがあるので、僕が日本で2人目の五輪金メダリストになりたいです。

▼『羽生結弦　王者のメソッド』

夢を叶える方法は、口に出して言うことだとよく言われます。

子どもが口にする途方もない夢は、大人から「何を馬鹿なことを」と一笑に付されるかもしれません。

しかし、それでもなお、「こうなりたい！」と口に出せる人が夢を叶えられるのかもしれません。

羽生結弦も、まさに自分の夢を「口に出して言う」タイプでした。

2008年、14歳で初めてシニアの全日本選手権に出場した羽生は、8位と大いに健闘します。けれども、まだ無名の羽生に関心を示す記者はほとんどいませんでした。

そんな記者たちに向かって、羽生は「僕が日本で2人目の五輪金メダリストになりたいです」と宣言します。その2年前、羽生と同じ仙台でトレーニングを重ねていた荒川静香が、トリノオリンピックで日本人初の金メダルを獲得していたのです。それだけに、羽生にとって金メダルは「絶対に取るべきもの」だったのかもしれません。

そして、6年後の2014年、初めて出場したソチオリンピックで羽生の言葉は現実のものになりました。口にした言葉は決意と覚悟に変わったのです。

WORDS OF YUZURU HANYU 04

言葉に自分が追いついていく

考えただけじゃ人間の脳って忘れる。でも言葉にすれば（中略）達成したときの喜びはまた違うって思えるから。

▼『羽生結弦　王者のメソッド』

人間は頭の中で考えたことのすべてを口にするわけではありません。ましてや口にしたことのすべてを行動に移せるわけでもありません。

つまり、考えたことのほんの一部しか実行できないのですが、羽生結弦は考えたことははっきりと言葉にし、いったん言葉にしたことは、かなりの確率で実現してきました。

思ったことを口に出すことで、「心に残る」からだと言っています。口にした以上、「絶対にやってやると思える」ようになる。これが羽生の考え方なのです。

とはいえ、「オリンピックで金メダルを取る」「勝ちたい」と言葉に出すことは、マスコミなど周囲の人にも知られるわけで、プレッシャーにもなりかねません。それを恐れて、大半の人は目標があっても心の中に留めておくのでしょう。

しかし、羽生は「プレッシャーを自ら作る」「負けたら格好悪いから、もっと頑張れる」と考えていました。

「王者になる。まずそう口に出して、自分の言葉にガ〜ッと追いつけばいい」

目標があるなら、はっきり言葉にすればいい。自分で自分を追い込み、自分をごまかせなくしてしまう。これが羽生の勝利の秘訣でした。

WORDS OF YUZURU HANYU 05

強いあこがれが成長を後押しする

その重さを覚えているんだよ。

▼『共に、前へ　羽生結弦　東日本大震災10年の記憶』

オリンピックという一大イベントが終わると、メダルを手にした選手は自分の生まれ故郷や母校、あるいは職場などを訪問してメダルの報告会を行うケースがほとんどです。

　参加者の中には、メダルを首にかけてもらったり、さわらせてもらったりすることで、自分もメダリストになったような気持ちになる人もいるでしょう。

　羽生結弦はオリンピック連覇を成し遂げた大スターだけに、どこに行っても大歓迎を受けました。

　2019年には、その前年に北海道胆振東部地震の被害を受けた厚真《あつま》町を訪ねています。その後、子ども時代のコーチだった山田真実が教えている札幌のスケート場を訪ね、練習する子どもたちとふれあう時間を持ちました。

　羽生は子どもたちの前でジャンプを披露し、その後、金メダルを子どもたちに持たせました。そして、思わず「重い」と言った子に「その重さを覚えているんだよ」と話しかけたのです。

　金メダルの重さを実感させ、取りたいという思いを心に刻み込ませる。

　幼い日の羽生がそうだったように、強い思いは厳しい練習に耐え、成長する最大の原動力となるのです。

WORDS OF YUZURU HANYU

06

どんなに不安でも目標から目をそらさない

平昌で勝つのは自分では決定事項だったので。

▼『羽生結弦　未来をつくる』

大谷翔平が高校時代に「人生の目標シート」をつくり、「160キロを出す」という目標を本当に達成したことはよく知られています。

羽生結弦は、目標を書き記すことはしませんでしたが、オリンピックの金メダリストになること、それも平昌オリンピックで金メダルを取ることを早くから言葉にしていました。

金メダリストになる夢は一足早くソチオリンピックで叶いますが、そのソチでさえ、羽生には「ここで金メダルを取って、もう1個取ればいい」という通過点のようなものでした。

「幼い頃からの人生設計として、北京じゃなく平昌と決めていた」というほど、平昌の金メダルは絶対に実現させたい目標だったのです。

もっとも、その分、羽生は「過去の自分からのプレッシャー」を強く感じることにもなりました。

夢が叶ってしまえば、過去を振り返って、「人生のレールどおりだった」と言うことはできますが、まだ何者でもなかった頃の羽生にとって、その発言は枷《かせ》になることもあったでしょう。しかし、自身の言葉は、夢を実現するための原動力でもあったのです。

WORDS OF YUZURU HANYU 07

正しい練習は嘘をつかない

あの時に、練習は大事なんだって思ったし、練習を頑張ればちゃんと試合で力を発揮できるんだという、自信がついたんだ。

▼『羽生結弦　王者のメソッド』

練習と成績の関係については、さまざまな意見があります。愚直に練習することが成果につながると自信を持って言い切る人もいれば、「練習には正しい練習と間違った練習がある」として、闇雲に練習することのデメリットを唱える人もいます。

羽生結弦が生涯の恩師とも言える都築章一郎に出会い、その才能を認められたのは8歳のときでした。

佐野稔を育て、ダイエーの創業者・中内功から「オリンピック選手をつくってほしい」と頼まれて仙台にやってきた都築の目に、羽生の才能は輝かしいものに映っていました。

都築は圧倒的な練習量を羽生に課します。羽生は朝練習をしてから学校に行き、放課後はすぐに個人レッスンを受け、また夜も練習という、ほぼスケート漬けの日々を送りました。

その甲斐あって、羽生は2004年、9歳のときに全日本ノービス選手権大会で優勝、続くフィンランドの大会（サンタクロース杯）でも優勝します。

羽生はこの時期を振り返って「『練習が好きだ』とか思っちゃって」と話しています。

厳しい練習を結果に結びつけるためには、その厳しさを楽しめるようになることも必要なのかもしれません。

WORDS OF YUZURU HANYU 08

「負けず嫌い」こそが成長のバネになる

僕の方がうまい。

▼「Number」868

羽生結弦は、スケートを習い始めた頃からとにかく「負けず嫌い」で、1～2歳年上の選手がトリプルアクセルをきれいに跳んでいるのを見ると、負けたくないのか、コーチに隠れて懸命に一人で練習をしていたといいます。

「僕はできる。大丈夫だ」が羽生の口癖でした。

そんなある日のこと、2006年のトリノオリンピックで銀メダルを獲得したステファン・ランビエールが、羽生が練習をしていたリンクを訪れます。

仙台でアイスショーを行うためにスピンの練習をしていたステファンの隣で、突然10歳の羽生がスピンを回り始めたのです。「僕の方がうまい」と真剣な表情で口にしていました。

羽生は勝てると思っていたようですが、やがて本気を出したステファンを見て、羽生は「勝てるわけがない」とその実力に驚きます。

後年、世界で戦うようになった羽生に対し、ステファンは「あのときの、ずっとスピンやっていた子だろ?」と声を掛けました。

実力差がケタ違いの相手にも臆することなく挑んでいく。その負けん気が羽生の強さを支える土台なのです。

WORDS OF YUZURU HANYU

09

安易に逃げることを考えない

そこで考えたのが、「ここで屈したくない！」ということでした。ここまで頑張ってきたものをやめるなんて、と。

▼『蒼い炎』

羽生結弦がフィギュアスケートを始めたのは、前述のように姉が通うスクールについていったことがきっかけでした。その後、６歳の羽生は千葉で開かれたダイエーカップで優勝します。

ところが、厳しい練習に挫《くじ》けそうになった羽生は、小学校低学年の頃に「野球をやりたい」と言い出しました。父親が野球をしていた関係で、早くからボール遊びをしていた羽生は「プロ野球選手になりたい」と親に相談したのです。

親は「野球の方がお金もかからないし、やめれば」とあっさりしたものでした。ところが羽生は、幼いなりに「どうして自分はスケートをやっているんだろう」と考え始めます。その結果「今まで続けてきたんだし、ここで屈したくない」という思いにたどりつきました。

再び本気でスケートの練習に取り組むようになった羽生は、２００４年10月に全日本ノービスＢで優勝。同年12月にフィンランドで行われた大会でも見事に優勝します。

人間はつらいことを前にすると、早く解放されたいと考えるものです。

しかし、「自分に屈したくない」という思いを強く持つことで、再び困難に立ち向かえるようになるのです。

WORDS OF YUZURU HANYU

第二章

勝利をつかみ取る

WORDS OF YUZURU HANYU

10

苦しいときには悔しさを思い出す

負けることは、悔しいということ。悔しいのが嫌なら、練習が大事だということ。悔しさが練習につながっていくものなんだ。

▼『羽生結弦　王者のメソッド』

フィギュアスケートでは、年齢によって出場できる大会が変わってきます。大まかにいうと「ノービス」が小学生、「ジュニア」が中学生と高校生、「シニア」が高校生以上です。

ジュニアの世界大会などで活躍し、その勢いのままシニアでも実力をつける選手が多いのがスケートの特徴です。

しかし、羽生結弦にとって初めての世界挑戦となった2009年の世界ジュニア選手権はほろ苦いものとなりました。

全日本王者とはいえ、まだ14歳の羽生は各国のジュニアのエース級の滑りやスピードに驚きながら本番に臨みます。

結果はショートでは11位、フリーでは13位と、総合12位でした。負けることが嫌いな羽生にとって、その結果は何とも悔しいものでした。

帰りの飛行機の中、羽生は「弱い自分が悔しすぎる」と繰り返し言いながらも、「あの試合で、僕は変わりました。強くなりたいと、心から願いました」と、悔しさを胸に刻みながら、それを成長の糧にする決意を固めています。

練習が苦しいときは、この悔しさを思い出せばいい。そんな臥薪嘗胆の日々を経て、羽生は2010年の世界ジュニア選手権で見事に優勝を果たすのです。

WORDS OF YUZURU HANYU 11

自信を過信に変えない

もっともっと自信を持って、でも自分の力を過信はしないように努力して、ということが大切だ。

▼『羽生結弦　王者のメソッド』

大リーグでも活躍した松坂大輔が日本での新人時代、イチローから三振を奪い、「自信が確信に変わった」という発言をして話題になりました。

高校時代から圧倒的な力を発揮していた松坂だけに、プロ入りへの自信はあったはずですが、それがイチローというスーパースターを抑えきったことで、より確かなものになったのでしょう。その自信は、松坂のその後の大リーグでの活躍へとつながっています。

羽生結弦は最初の全日本ジュニアでの優勝や、その後の世界ジュニア選手権での経験を経て、ジュニア2年目には「向かうところ敵なし」というほどの好調ぶりを見せつけます。

全日本ジュニアの連覇も当然と見られていましたが、ショートで2位に11点以上の差をつけ、優勝をほぼ確実にしたことで「欲」が生まれます。

トリプルアクセルを2本決めて、「ノーミスで200点を出してやろう」と自信満々で臨んだフリーでしたが、ミスを連発してしまいます。

フリーの得点は2位。ショートの「貯金」で優勝はしたものの、羽生は己の姿勢を反省します。強い自信が過信や慢心になると、失敗を招きやすいのです。

WORDS OF YUZURU HANYU 12

ミスや失敗にあらかじめ備えよう

3回転になるなんて考えたくなくて、シミュレーションもしていませんでした。自分の中で認めたくなかったんです。

▼『羽生結弦　王者のメソッド』

今や「世界一のボクサー」とも称される井上尚弥は、あえて「ダウンを奪われたらどうするか」という練習をするといいます。そうすることで、万が一のときの備えができるのです。

ビジネスでも「この計画がうまくいかないときはどうするか」を事前に考えておくことで、いざというときの迅速な対応が可能になります。

15歳の羽生結弦は失敗への備えを「ちょっとした弱気」と嫌っていました。

当時、羽生はプログラムの中に4回転ジャンプを取り入れ始めていましたが、練習での成功率はまだそれほど高くはありませんでした。

それでも、ある大会で4回転に挑戦したところ、3回転になるという予想外のミスが生じたことで、あわてた羽生はさらに転倒やルール違反というミスを重ねてしまいます。

普通の選手はミスを想定してその後をどうリカバリーするかをシミュレーションするものですが、羽生は「4回転に負けたくない」という強気からしていませんでした。

ミスを防ぐための対処法を考えるよりも、絶対に失敗しないような実力をつけたい。それが羽生の考え方だったのです。

WORDS OF YUZURU HANYU 13

敗北から学んでこそ勝者になれる

ずっと勝ちたいけど、でも負けることも必要。この1年、負ける時はしっかり負けて、そこから得られるものすべてを得たい。

▼『羽生結弦　王者のメソッド』

２０１２年春にブライアン・オーサー率いる「チーム・ブライアン」に加入した羽生結弦は、フィンランディア杯で見事に優勝を果たし、その勢いのままグランプリシリーズの初戦スケートアメリカに出場しました。カナダに移り、スケーティングの基礎から鍛え直した効果が出て、羽生はショートで９５・０７点を記録。当時の世界記録を更新します。

ところが、「ショートで世界最高点を取った」ことを意識し過ぎたのか、フリーではミスを連発し、最終順位は2位となりました。最高のショートとミスだらけのフリー。羽生はショートとフリーの切り替えの難しさを痛感すると共に、やがて来るオリンピックシーズンを勝ち抜くためにも、「負ける時はしっかり負けて、そこから得られるものすべてを得よう」と決意します。

アスリートにとっての理想は勝ち続けることですが、それは現実には容易ではありません。だとすれば、「いかに負けるか」が大切になってきます。負けたときには、「なぜ負けたのか」を見極めて、次につなげていく。

このステップを踏んで迎えたオリンピックシーズン、羽生はソチの金メダルを含め、見事に三冠を達成したのです。

WORDS OF YUZURU HANYU

14

「やりたい」ではなく「やる」と考えよう

五輪は、出られるなら勝ちにいきたい。出ることが目標ではダメ。

▼『Number PLUS　2015-2016フィギュアスケート　銀盤の奇跡』

「オリンピックは『出たい』ではなく、『出る』と決めなければならない」

これは多くのオリンピアンが口にしている言葉です。多くのアスリートにとってオリンピックは夢の舞台だけに、「出たい」と思う人は大勢いますが、それだけでは足りず、「出る」と決めることで夢が現実に近づくのだといいます。

羽生結弦は早くから「平昌オリンピックでの金メダル」を目標として掲げていましたが、全日本選手権やグランプリシリーズでの好成績を受け、ソチオリンピックへの出場も強く意識するようになりました。

2012年12月、ロシアのオリンピック会場で行われたグランプリファイナルで2位になった直後、コーチのブライアン・オーサーに「僕、ソチオリンピックで優勝したい」と明確に告げています。

この言葉はオーサーを驚かせたといいます。まだ18歳の羽生がオリンピックに「出る」と言うのならともかく、「優勝したい」と言い切ったからです。

たしかにオリンピックは「出たい」でも「出る」でもダメで、「勝ち」に行ってこそメダルを手にできる場所なのかもしれません。オーサーは、炎のような決意を羽生から受け取ったのです。

WORDS OF YUZURU HANYU 15

自分の歩んできた道を信じる

自信なんて言ってると、試合前に急に不安になった時に何も出来なくなる。ただ全力を出すと考えれば良い。

▼『羽生結弦　王者のメソッド』

スポーツでも勉強でもビジネスでも、何かをやるにあたって自信は欠かせないものです。

しかし、自信があり過ぎて過信を招くと厄介ですし、逆にちょっとした出来事で急に自信がなくなることもあるでしょう。自信は案外面倒なものなのです。

ソチオリンピックで行われたフィギュアスケートの団体戦に出場した羽生結弦は、ショートのプログラムをパーフェクトに演じて首位になり、日本チームに10ポイントをもたらします。その後、メディアから「自信があったか」と質問され、「自信があるないは重要ではない」という意外な答えを口にしています。

一見、「自信の塊」のように見える羽生が、その有無は重要ではないと発言するとは、どういうことでしょうか。

羽生によると、どんなに自信満々で臨んでも、ライバルが素晴らしい演技をしたり、自分が練習でミスをしたりすれば、せっかくの自信は崩れてしまいます。大切なのは「コーチやファン、自身の練習、すべてを信じて精一杯やる」ことであり、「一生懸命」やることです。

持てる力のすべてを出しきろうと集中すれば、結果は必ずついてくるというのが羽生の考え方でした。

WORDS OF YUZURU HANYU 16

「今、この瞬間」が圧倒的な集中力を生む

過去も捨てて未来も捨てて、『この時だけ』と集中して結果をとることがすべてだ、と。だから全力でできたのかなと思います。

▼『羽生結弦　未来をつくる』

禅の世界に「而今《じこん》」という言葉があります。「今この一瞬を大切に生きる」という意味ですが、これはアスリートにとっても大切なことだと言われています。

過去に気を取られていたら今のプレーに集中できませんし、未来のことを考えすぎて気持ちが先走っても、思うようなプレーができないからです。

2014年11月、ソチオリンピック王者としてグランプリシリーズNHK杯に臨んだ羽生結弦は、中国杯での衝突事故の影響もあってか、総合4位に沈みます。予想もしない結果に周囲はケガの影響を指摘しますが、羽生の答えは「集中力が切れていました」でした。

ケガからは回復していたものの、「ファイナルに行きたい」という思いが強すぎて、目の前の大会に集中できていなかった。それが不振の原因だったのです。

羽生ほどの実力があっても、集中力が切れると良い演技はできません。その経験が生きたのでしょうか、平昌五輪ではケガからの回復途上でありながらも「あれが自分の最大限だった」というほどの演技を披露。見事にオリンピック連覇を達成したのです。

過去も捨て、未来も捨て、「今、この瞬間」に集中した羽生は無敵でした。

WORDS OF YUZURU HANYU 17

ときには感情を解き放ってもいい

一般的には「冷静に」「楽しんで」とか言うけれど、時には「勝ちたい」「負けてたまるか」とかいう怒りの感情に自分を任せても良いんです。

▼『Number PLUS　羽生結弦2010-2022』

プロ野球の名監督だった野村克也のキャッチフレーズといえば「ＩＤ野球」、つまり理論を活かした野球でした。

それでも野村は、優勝争いや日本シリーズといった「ここ一番」でものを言うのは「ど根性」だとも話しています。

羽生結弦は、強くなるためには体力や技術力の向上に加えて精神的な強さが必要と考え、さまざまなメンタル本で理論を学びました。そしてその理論を自分に当てはめ、自分なりの気持ちの持っていき方を探して試合に臨みます。心を制御できるようになったことが、羽生の強さにつながったのです。

とはいえ、理論は理論であり、ときには当てはまらないこともありました。

ソチオリンピックで金メダルを獲得した直後の世界選手権で、羽生はショートのジャンプで転倒、首位に7点近い差をつけられて3位となります。

「もう理論なんて言っていられない」と思った羽生は自分の気持ちに正直になりました。その結果、「アドレナリンを出し切った」演技を披露、見事に逆転優勝を決めます。

「冷静に」「楽しんで」と心を抑えるのではなく、素直に感情を表したときの羽生には、すさまじい強さがありました。

WORDS OF YUZURU HANYU 18

王者にはふさわしい振る舞いがある

五輪王者だから評価が高いのではなく、五輪王者らしい演技をして初めて評価が高くなる。

▼『羽生結弦　未来をつくる』

ソチオリンピックで金メダルを獲得したことで、羽生結弦を取り巻く環境は大きく変わります。

直後の世界選手権では、歓声がそれまでのものとはまるで違っており、羽生はこんなことを感じます。

「高橋大輔選手や本田武史選手という日本フィギュアスケート男子の歴史を作ってきた選手たちに送られていた声援が、僕に送られているのは不思議な感じで。これから、頑張って歴史を作っていかなければならないと思いました」

日本におけるフィギュアスケート人気の高まりを実感した羽生は、これからフィギュアスケートを始める子どもが増えてほしい、とも感じています。

ただし、五輪王者だからといって、その後の大会で特別待遇されるわけでも、点数が高くなるわけでもありません。だからこそ、肩書に甘えるのではなく、「五輪王者らしい演技」をしなければならないのだ。羽生はそう考えていました。

追う立場から追われる立場に変わったことで、強いプレッシャーを感じたこともあったでしょう。けれども、そんなときには「五輪王者だからこんなことしている場合じゃない」と自分に発破をかけていたのです。

WORDS OF YUZURU HANYU 19

悔しさを忘れないから強くなれる

2位でも誇りに思っていいんだよと言われることがありますが、やはり1位をとりたい。

▼『夢を生きる』

世界選手権で「2位」といえば、十分誇りに思っていい成績ですが、2015－2016年シーズンの羽生結弦にとって、それは何とも悔しい成績でした。

世界選手権に至るグランプリシリーズNHK杯、グランプリファイナル、全日本選手権と連続して優勝を果たし、世界選手権ではショートでリードします。

誰もが優勝を確信していましたが、前年に痛めた左足甲の影響があったのか、惜しくも優勝を逃し、結果は2位でした。

実際、羽生によると、試合後の2週間ほどは毎晩夢ばかり見て、「夢の中で毎試合に負ける」という状況だったそうですから、その悔しさがどれほどのものだったか想像できます。

ソチオリンピックの金メダル以降、羽生は演技などについても深く考えるようになりました。それでも根底にあったのは「やはり1位をとりたい」という熱い思いでした。

一方で、これほどまでに落ち込みながらも「これが五輪でなくてよかった。五輪の前に経験できて良かったという気持ちがあります」と語る前向きさも羽生の持ち味でしょう。

悔しさと経験を糧にする力こそが羽生の強さでもありました。

WORDS OF YUZURU HANYU

20

記録ではなく
記憶に残る勝利を

劇的に勝ちたいという気持ちがあります。

▼『羽生結弦　連覇の原動力［完全版］』

大リーグで二刀流として活躍する大谷翔平に対して、日本のファンがしばしば感じるのは「野球マンガを超えている」という思いです。

たしかにダブルヘッダーの1試合目を投手として完封、2試合目は2本のホームランを打って勝利をもたらすなど「あまりにできすぎ」ていて、マンガでも描けないストーリーです。

羽生結弦の平昌での金メダルもまるで「マンガの主人公」のような劇的な勝利でした。

2017年11月、羽生は練習中に右足首の靭帯《じんたい》を損傷、そこから3カ月近いブランクを経て羽生はオリンピック会場に姿を見せ、見事な勝利を手にします。

メダリストとして会見に臨んだ羽生はこんな感想を口にします。

「漫画の主人公にしてはできすぎなくらい、いろいろな設定がありました。でもこうして金メダルを取って、みんなに羽生結弦という名前を覚えてもらって、こんなに幸せなことはありません」

幼い日、羽生は「歴史に名前を刻みたい」という思いを口にしていましたが、平昌での劇的な勝利によって羽生の名前は世界の人々の心に刻み込まれることとなったのです。

WORDS OF YUZURU HANYU 21

「勝ちたい」という思いこそが成長の原動力

勝たなきゃ自分じゃない。勝たないのは絶対にいやだ。

▼『Number』966

「『いい演技をするのが目標』なんて謙遜する選手が多いけど、完璧な演技で負けたら屈辱的でしょ！　僕は勝ちたい」

これは羽生結弦16歳のときの発言です。

15歳でジュニアの世界王者になり、グランプリシリーズでも優勝するほどの実力をつけていた頃だけに、「勝ちたい」という気持ちは、当然強かったでしょう。

アスリートの中には「勝ちたい」ではなく「ベストを尽くしたい」という言い方をする人もいますが、羽生は「王者になる」とはっきりと口にしていました。

その強い意志こそが羽生にオリンピック2連覇をもたらしたわけですが、その気持ちが少しだけ揺らぎかけたのが平昌五輪の後でした。

羽生は連覇の後、少年の頃からあこがれていたプログラムを滑り始め、4回転アクセルへの挑戦も開始します。

しかし、オリンピック後の初戦で優勝こそしたものの、総合得点が低く、愕然《がくぜん》とします。

本来の「勝ちたいな」という気持ちが強くなった羽生はギアを入れ替えてフィンランド大会に臨み、そのシーズンの最高得点で優勝を果たします。

追い求める演技をして、なおかつ試合に勝つ。それが羽生の考え方でした。

WORDS OF YUZURU HANYU 22

求めるのは「頑張ったね」ではなく賞賛の声

頑張ったね、じゃなく、「素晴らしかったよ」と言ってもらえる演技をしなければいけなかった。

▼『Number』966

平昌五輪で金メダルを獲得後、羽生結弦が新たに選んだのは、子どもの頃からあこがれていたプログラムでした。一つはジョニー・ウィアーがフリーで滑っていた「秋によせて」、もう一つはエフゲニー・プルシェンコの「ニジンスキーに捧ぐ」へのリスペクトを込めた「Ｏｒｉｇｉｎ」。この二つのプログラムで臨んだのが２０１８年のグランプリシリーズでした。

フィンランド大会で優勝した羽生は、続いて両方のプログラムとも縁のあるロステレコム杯に出場します。会場にはジョニー・ウィアーのプログラムの振り付けを行ったタチアナ・タラソワの姿もありました。

羽生はショートで首位に立ちますが、翌日の公式練習で転倒、医師から「全治３週間」の診断を受けます。無理をして滑れば悪化することを覚悟のうえ、羽生は痛み止めを飲んで試合に出場。何とか優勝しますが、演技後、タラソワに「アイム・ソー・ソーリー」と伝えます。

尊敬する人たちに最高の演技を届けられなかった悔しさから出た言葉ですが、タラソワからは「よく頑張ったわね」という労《ねぎら》いの言葉が返ってきます。羽生が目指していたのはいつだって「素晴らしかった」と言ってもらえる演技でした。

WORDS
OF
YUZURU
HANYU
23

プレッシャーは自分を高める力になる

期待されてる感覚が好き。それはプレッシャーじゃなくて快感なんです。

▼『羽生結弦　連覇の原動力［完全版］』

「成功のプレッシャーがかかっている方が、プレッシャーのかからない無名人でいるよりはずっといい」は、大リーガーとして350勝、4500奪三振を記録した大投手ロジャー・クレメンスの言葉です。

成功を重ねるごとに増すプレッシャーや期待を「力」に変えることができたからこそ、成功を手にできたともいえます。

羽生結弦は男子フィギュアスケーターとして華々しい成績を上げると同時に、圧倒的な人気も集めました。ときに会場に訪れるファンのほとんどが羽生を見に来ているのでは？　と感じるほどでした。

しかし、それほどの期待の中、常に成果を求められるわけですから、そのプレッシャーたるや大変なものだったでしょう。羽生自身はこう言っていました。

「プレッシャーを自ら作り出して、自分を本当に、本当に追い込んでいけたからこその練習だったり、努力だったりはあると思う」

羽生によると、プレッシャーは競技力の低下につながるかもしれないが、逃げるわけにはいかないし、それが「自分の原動力」にもなる、というのです。

期待がプレッシャーではなく、良い演技の原動力になるところに羽生の強さがありました。

WORDS OF YUZURU HANYU 24

「〜だったら」は言い訳に過ぎない

「ノーミスだったら勝てたよね」と言うのは簡単ですが、（中略）試合でできなければそれはただの絵空事であって、皆ノーミスだったらどうなるのって。

▼『夢を生きる』

スポーツでは、試合で負けたときに、「あのミスさえなければ勝てたのに」と悔しがることがあります。

ビジネスでも、プレゼンテーションがうまくいかず、商談が失敗に終わった後、「あそこでミスしなかったら、絶対にうちが取れたのに」と言う人がいます。

「ミスさえなければ」はたしかに誰もが考えてしまうことですし、「本当はこちらが勝つべきだった」と自分たちを慰める言葉にもなるでしょう。

しかし、羽生結弦はこうした言い方に対し、「試合でできなければそれはただの絵空事」と言い切っています。

羽生はもちろん「ノーミス」の演技を目指していますし、それができれば世界最高得点を叩き出せるでしょう。ではミスをしたときに「あのミスさえなければ」と言い訳をするかというと、それはありません。ミスをした自分を悔しいと思い、「なぜ失敗したのか」を突き詰めることで次に活かそうとするのです。

「ノーミスだったら勝てたよね」と言うくらいなら、失敗しないレベルを目指すべきで、そうしなければ、また同じことを繰り返してしまいます。ミスをしないプレッシャーを乗り越えるくらいでなければ、世界で勝つことはできないのです。

WORDS OF YUZURU HANYU 25

弱みをとことん活かせば強みになる

安定感のなさは、自分の弱さです。（中略）それでも本当に、いろいろ悩み抜いて最終的にたどり着いたのは、それがやっぱり強みでもあるんですよね。

▼『夢を生きる』

人は誰でも強みと弱みがありますが、そのつきあい方は人それぞれです。

大リーグで活躍したイチローは身体の細さやパワー不足をしばしば指摘されましたが、身体を大きくすることは重視しませんでした。

持ち味の速さや柔軟性が失われることへの懸念からです。

羽生結弦の身長は170センチ強ですが、氷上での羽生は身長以上に高く見えます。筋肉質ではなく手足が長いからこそ、あれだけの美しい演技ができるのですが、かつてはジャンプの安定感のなさに悩んだことがあります。

たしかに、安定感だけを求めれば、がっしりとした体格と低い重心の方が有利かもしれません。

しかし、それでは羽生本来の美しさが損なわれてしまいます。考え抜いた羽生が出した結論は、自分らしいジャンプを捨てて安定感を求めるのではなく、自分の持ち味である美しいジャンプを活かすために精神面を鍛え、身体をきちんとケアすることでした。

弱さは弱さとして認めつつ、その弱さを強みへと変えていく。その結果が羽生にしかできない一流の演技を可能にしたのです。

WORDS OF YUZURU HANYU 26

過去の栄光は捨てて前に進もう

3つのタイトルはとったかもしれないけど、（中略）今季の試合は今季でしかないから。

▼『羽生結弦　未来をつくる』

ある大学スポーツの監督が自戒の念を込めて口にしていたのが「過去の栄光は早く忘れるべきだった」でした。

その監督は過去にチームを日本一に導いた名将でしたが、その成功体験から脱却できず、チームを弱体化させてしまいます。苦い経験からの言葉でした。

羽生結弦は2013－2014年シーズンにグランプリファイナル優勝、ソチオリンピック優勝、世界選手権優勝の三冠を獲得しています。とくに五輪直後に行われる世界選手権で五輪金メダリストが優勝したのは、2002年のアレクセイ・ヤグディン（史上初の年間ゴールデンスラム達成者）以来であり、羽生は「僕が憧れていた選手に、ちょっとは近づけたかな」と喜びを表しています。

普通はこれほどの栄冠を獲得すれば有頂天になってもおかしくありませんが、羽生は「今季の試合は今季でしかないから」と新しいシーズンの新しい試合に目を向けるようにしていました。

引退したアスリートにとって、過去の栄光はとても大切なものですが、それにしがみついていては、新たな一歩が踏み出せません。まだ若く伸び盛りの羽生にとっては、栄光は過去のこととして捨て去り、新しい歴史を刻むことこそが大切だったのです。

WORDS OF
YUZURU HANYU

第三章

常に課題を持ち続ける

WORDS OF YUZURU HANYU

27

「夢」を実現可能な「課題」に置き換える

夢を諦めない。いや「常に課題を持ち続ける」です。

▼『Number』900

羽生結弦の子どもの頃の夢は「オリンピックで金メダルを取る」ことであり、「羽生結弦という名前を歴史に刻みたい」というものでした。子どもの夢としてはとてつもなく大きなものですが、オリンピック2連覇という偉業によって、その夢は見事に叶えられます。

もっとも「夢」という言い方は一般的な表現であり、羽生自身の感覚は少し違います。羽生はオリンピックの金メダル獲得を人生計画として現実的に組み込んでいました。ですから、夢というより絶対に達成しなければならない、あるいは確実に達成できる目標だったのです。

そのためでしょうか、20歳の誕生日直前、羽生は「二十歳の約束」として、「夢を諦めない。いや『常に課題を持ち続ける』です」と答えています。

「夢」というと何となくぼんやりとしたものに思えますが、「課題」と言い換えれば、その瞬間から現実味を帯びてきます。

夢や目標は単に掲げるだけではダメで、それを達成するための具体的な行程を明確にして、それを一つずつ達成することで初めて実現可能になるのです。

叶えたい夢を課題に捉え直す。そうすれば、人はいくつになっても成長し続けることができるのです。

WORDS OF YUZURU HANYU 28

「できない」は「成長できる」ということ

悔しかったですよ。でもうれしかった。できなくてうれしかったんです。

▼『羽生結弦　連覇の原動力［完全版］』

羽生結弦が仙台を離れてカナダのトロントに移ったのは、ブライアン・オーサーという名コーチの指導を受けることと、4回転ジャンプを見事に跳ぶハビエル・フェルナンデスの存在があったからです。しかし、いざカナダに移ってみて感じたのは「俺、こんなにできなかったんだ」という衝撃でした。

カナダに移る以前の2011年、羽生はグランプリファイナルで4位、全日本選手権でも3位と、立派な成績を上げていましたし、仙台では自分なりにやれていると思っていました。ところが、オーサーのもとで「スケーティングを基礎からつくり直す」という取り組みを始めたところ、集団のフットワーク練習などではスケートクラブの子どもたちができることさえできていなかったのです。

仙台での羽生は常に「皆のお手本」でしたが、カナダでは名前も知らないスケーターにまで負けるのです。プライドだけの選手なら、「こんなことやってられるか」と投げ出してもおかしくないのですが、羽生は「できなくてうれしかった」と振り返っています。

課題がたくさんあること、そして、その課題の克服が楽しいと思えることが羽生の強さの秘密なのです。

WORDS OF YUZURU HANYU 29

学ぶことは武器になる

自分の強みは、いろいろなことを考えて、分析して、それを氷上での自分の感覚とマッチさせられること。

▼『羽生結弦　連覇の原動力』

今の時代、トップアスリートともなれば、いろいろな分野の専門家によるサポートチームが編成されるのはよくあることですが、羽生結弦は比較的早い時期から「研究が自分の武器」だと話していました。

たとえば、自分の演技について詳細に記者に語ることで「記事」として記録に残すことができます。そして、それをあとで読み返すことで自分の演技に活かしていくのです。

また、他のアスリートの言葉や、心理学、運動学などの論文を読んで学んだことを演技に採り入れることもしていました。ケガなどでスケートができない時期には、精神力を維持するために、各種の論文や報告書などに目を通しています。

さらには、身体をケアするためには、筋肉の付け方に関する知識が必要だと認識し、一つひとつの筋肉の名前を覚え、解剖学の知識も学んだといいますから、その知識欲は相当なものです。

しかも羽生の場合、こうしたことを誰かに言われてやったわけでもなく、専門家任せにするわけでもなく、自ら学び、活かすところに大きな特徴があります。学ぶこと、それは羽生にとって強くなるための武器なのです。

WORDS OF YUZURU HANYU 30

どんなときも冷静であれ

精神力も強くしたい。なぜなら、今まで以上の演技をしようと思ったら、今まで以上の精神力を備えなければいけないから。

▼『羽生結弦　連覇の原動力［完全版］』

アスリートにとって「心技体」のうち、どれが一番重要なのでしょうか？　ある人は「どれだけ技術を磨いても心が弱いと勝てない」と心の重要さを強調しますし、別のアスリートは「心技体」にはもう一つ「脳」が必要になるとして、「自分で考える」大切さを説いています。

２０１１年11月、３年後のソチオリンピックを見据える羽生結弦は、初めてのグランプリファイナル出場を目指して初戦の中国杯に臨みます。４回転を含むジャンプでは力をつけ始めていましたが、自信のあるジャンプで転倒、体力のなさを思い知らされます。さらにジャンプ以外の要素でもミスが続いて冷静さを欠き、挽回することができませんでした。

羽生は「体力も技術も精神面もすべて重要」なことは承知のうえで、最後まで集中を切らさないことが必要だと痛感します。「勝ちたい」「跳びたい」という貪欲さの一方で、「冷静さ」があって初めて勝てる演技ができるのです。

羽生はその後、ソチで見事に金メダルを獲得しますが、今後の目標を聞かれると、「精神力も強くしたい」と口にしました。

高度な技を成功させるためには、どんなことにも動じない強い精神力が必要だ。

これが羽生の得た学びだったのです。

WORDS OF YUZURU HANYU 31

つらいときには「今は苦しむタイミング」と考える

ここで苦しまないと仕方ない。今が17－18歳のシーズンなんだから。20歳とか21歳で新しいことに苦しむほうが、もっと苦しいはず。

▼『羽生結弦　王者のメソッド』

「若いときの苦労は買ってでもせよ」という諺《ことわざ》があります。

「何を古臭いことを」と思うかもしれませんが、英語（若いことを）にも、中国語（若いときの重労働は老いての平穏）にも、中国語（若いときの苦労は老いてからできない）にも似た表現があるところを見ると、万国共通の考え方なのかもしれません。

ソチオリンピックまで残り2シーズンとなったとき、羽生結弦はコーチのブライアン・オーサーに「今年は少し無理してでも、新しい表現や新しい滑りに挑戦したい」と提案します。ブライアンも同じ考えであり、相談の結果、新しいプログラムが決まります。

しかし、それはすべてのジャンプが「難しさの限界ギリギリ」のもので、以前とは比較にならないほど「表現の多様性」が要求されるものでした。羽生自身が積極的に提案した結果だったとはいえ、取り組むことが山ほどあり、まさに「試練」とも言えるものでした。

大変な挑戦でしたが、羽生は「今が苦しむタイミングなんだ」と自分に言い聞かせながら課題に取り組みます。

人は良いとき、楽しいとき、うまくいっているときよりも、苦しいときにこそ成長していくものなのです。

WORDS OF YUZURU HANYU 32

ライバルを意識し過ぎない

パトリックを見て研究するのではなく、彼がいた上での自分を研究してきました。

▼『Number PLUS 2015-2016フィギュアスケート 銀盤の奇跡』

ソチオリンピックを間近に控えた羽生結弦にとってのライバルは、2011年から世界選手権を3連覇していたパトリック・チャンでした。

幸いだったのは、オリンピックシーズンに入り、グランプリシリーズからファイナルまで3回チャンと戦うことができたことです。

初戦のスケートカナダでは羽生はチャンに次ぐ2位、2戦目のエリック・ボンパール杯ではチャンが当時の世界歴代最高得点を叩き出し、やはり羽生は2位でした。

羽生はチャンの得点に愕然としますが、同時に「負けて課題を見つける」ことができただけでなく、チャンを間近に見ることでヒントを得ることもできました。

結果、グランプリファイナルでは羽生がショートの世界最高点をマークし、チャンを抑えて優勝。その後のソチの金メダルへ勢いをつなげます。それを可能にしたのは、チャンとの戦いを通して、「パトリックがいた上での自分を研究する」ことができたからでした。

ライバルとの戦いの中で、相手の存在感やプレッシャーに左右されることなく、自分の改善点だけに目を向ける。それが、チャンとの戦いを経て、羽生が学んだことだったのです。

WORDS OF YUZURU HANYU 33

「本番のための練習」をする

毎日1時間半しか練習しない人と5時間練習している人と、どちらが勝つかは、練習を試合で出せるかどうか。つまり練習が本番のためにあったか、ということ。

▼『Number』868

かつて日本のサッカー選手について ヨーロッパの有名な監督が「敵がいなければ一流」と評したことがあります。スピードもテクニックもあり、力量からいけば、ヨーロッパの一流クラブで活躍できるのですが、それはあくまでも「邪魔をする相手がいなければ」という話。残念ながら強豪相手では実力を発揮できない、という意味でした。実際の試合と違って、相手のいないなかでの練習には限界があるのです。

羽生結弦は「勝ちたい」という気持ちを強く出すことで本番で力を発揮するタイプですが、あるとき、いくら「勝ちたい」というトリガーを引いても、しっかりとした練習の裏付けがないと、「あわよくば勝ちたい」になり、勝利には到底手が届かないことに気付きます。

では、練習量さえ増やせばいいのかというと、そうではありません。大切なのは、練習の成果を試合で出せるかどうか。練習は「練習のための練習」ではなく、「本番のための練習」でなければならないと考えるようになります。

羽生はプログラムを1分ごとに区切る「パート練習」中心から、4分半すべて通す「ランスルー」を増やすことでさらなる強さを身につけていきました。

WORDS OF YUZURU HANYU 34

成功したときにこそ反省しよう

少し後味が悪いけれど、もっと強くならなければいけないなとすごく感じた（グランプリファイナルの）4連覇でした。

▼『夢を生きる』

敗北や失敗から学ぶことは誰でもやることですが、勝利や成功を収めたときにも反省できる人は、ほとんどいません。うまくいった場合にもその陰にはミスや改善点が隠れているはずですが、栄光はそうしたものに気付かせない力を持っているのです。

羽生結弦はソチオリンピックで金メダルを獲得した際、フリーでミスをしたことで優勝がスルリとこぼれ落ちたと感じます。ところが、ライバルのパトリック・チャンもミスを重ねたことで優勝を手にします。そんな「やりきれなかった悔しさ」が、その後の成長、そしてオリンピックの連覇につながっています。

羽生はソチオリンピックのシーズンにグランプリファイナルで初優勝を遂げ、以後、男女を通じて史上初となる4連覇を達成しました。

しかし、それまでの優勝がショート、フリーと共に1位だったのに対し、4連覇目がショート1位、フリー3位での優勝だったことを大いに悔やみます。

オリンピックの金メダルや史上初の4連覇という快挙を成し遂げてもなお、「悔しい」と口にする。勝利を手にしてからも、さらに上の課題を見つけようとするからこそ、羽生は強くあり続けるのです。

WORDS OF YUZURU HANYU 35

栄光の影にある課題にも目を向けろ

本当にぜいたくだと思いますね。若い時にタイトルをもらって、なおかつ、それと同じくらいの重みのある課題ももらえたので。

▼『羽生結弦　未来をつくる』

オリンピックの男子柔道で史上初の3連覇という偉業を成し遂げた野村忠弘は、金メダルを獲得した後、1年以上柔道から離れていたことがあります。

競技を離れて自分自身と向き合う時間があって初めて、再び厳しいトレーニングに向かうことができる。それが野村の考え方でした。

羽生結弦はソチオリンピックで優勝した後も休むことはなく、直後の世界選手権でも優勝しています。メダリストがしばしば経験するモチベーションの低下もありませんでした。

羽生によると、理由の一つはソチでの「やりきれなかった悔しさ」があったからだと語っています。

ソチのSPで羽生は101・45点という史上最高点を出しています。ところが、フリーでは優勝へのプレッシャーがあったのか、ジャンプの転倒などにより、178・64点、合計280・09点でした。

羽生は「負けた」と覚悟しますが、ライバルのパトリック・チャンもミスを連発したことで金メダルを獲得します。このときの「やりきれなかった悔しさ」と「重みのある課題」こそが、次の平昌オリンピックに向けて、羽生のさらなる成長を後押しすることになったのです。

WORDS OF YUZURU HANYU 36

答えは自分の手で見つける

最後は自分で考えないといけないんです。（中略）答えを見つけられるのは自分だけ。

▼「Number」868

羽生結弦にとってコーチのブライアン・オーサーは信頼のおけるコーチです。チーム・ブライアンのバックアップがあってこそ金メダルを手にすることができたと言ってもいいでしょう。しかし、では、ブライアンに任せきりにしていたかというと、そういうわけではありません。

ソチオリンピックの次のシーズン、ケガなどを乗り越えてグランプリファイナル出場を決めた羽生は、フリーを想定した試合形式の練習で4回転サルコウが決まらず悩んでいました。練習では跳べるのに、試合形式では決まらないのです。

原因を探った羽生はウォーミングアップのやり方を変えようと、それまで演技直前に跳んでいた3回転ループの代わりにトリプルアクセルを跳ぶことを決断します。それはブライアンの練習計画とは異なるものですが、より難しいジャンプの方が「身体への刺激になるのでは」と考えてのことでした。

ブライアンに話してOKをもらった羽生は計画を実行、フリーで4回転サルコウを見事に決め、自己ベストも更新しました。

コーチを信頼しつつも、最後は自分自身で考えて答えを見つける。

羽生の連覇への道はそこから本格的にスタートしました。

WORDS OF YUZURU HANYU 37

みんなの力を借りて壁を越える

自分の限界を感じているわけではないのですが、自分一人の力の限界を感じます。

▼『夢を生きる』

羽生結弦の特徴はいくつもの栄冠を手にし、世界最高点を叩き出したとしても、決してそこで満足することなく、さらなる高みを目指すところにあります。

平昌オリンピックを間近に控えるなか、羽生は4回転ルッツを果敢に取り入れ、より難易度の高い演技に挑戦します。

ところが、2017年11月、NHK杯の公式練習中に着氷で転倒、右足首の靭帯を損傷しました。

難易度の高い技は成功すれば華やかですが、身体への負担も大きく、ケガのリスクもあります。にもかかわらず、そこに挑戦するのが羽生です。

とはいえ、表現を含めてたくさんのものを追求すれば、それだけやるべきことは増えますし、羽生一人の力では解決できない課題が増えるのもまた、事実。

羽生によると、かつては自分の力だけでクリアできた課題も、「最終的に頭のてっぺんあたりまで」来ると、誰かの力を借りないとどうしようもなくなるといいます。

自分一人ではつくれないし、見えないものがあるからこそみんなの力を借りることになる。自分だけの力では超えられない壁もみんなの力を借りれば超えることができる。それが自分の可能性を広げることになるというのが羽生の思いなのです。

WORDS OF YUZURU HANYU 38

練習が実を結ぶと信じる

積み上げてきたものは、間違いなく積み上がっているんだなという感覚はあります。

▼『夢を生きる』

スポーツであれ勉強であれ、毎日の練習や努力がすぐに結果として現れたら、これほど楽しいことはありません。

しかし、現実には練習や努力と結果の間には時差があるものですし、その時間がとても長く感じられることもあります。

羽生結弦は本格的にスケートに取り組むようになって以来、「練習にしても私生活にしても、すべてをスケートのために使いきるにはどうしたらいいかとずっと考えて過ごしてきています」と話しているようにスケート漬けの日々を過ごしてきました。

その甲斐あって、数々の栄冠を手にしたわけですが、それでも期待ほどの結果が出なかったり、他の選手が素晴らしい演技で高得点を出したりと、苦しい思いをすることがありました。

平昌オリンピックシーズンが始まった頃も、そんな焦燥にかられます。

しかし、グランプリシリーズの過去4年の初戦の得点とその年の得点を比べたところ、順位は2位でも得点は30点近く上回っていることを知り、「積み上げてきたものは、間違いなく積み上がっている」ことを実感します。

たとえ時間がかかっても、「一つひとつ積み上げていって自信をつけること」こそが、望む結果をもたらすのです。

WORDS OF YUZURU HANYU 39

自分にしかできないことをしよう

3連覇の権利を有しているのは僕しかいないので、（中略）前回と前々回とはまた違った強さで、オリンピックに臨みたい。

▼『Number』1045

羽生結弦にとってのオリンピックは、やはりソチと平昌です。両オリンピックで金メダルを獲得したことで、子どもの頃からの夢や目標は達成できたというのが平昌後の羽生の正直な思いでした。

こう振り返っています。

「金メダルを取って2連覇して、そこまでが僕が小さい頃から描いていた夢であり、具体的な目標でした。正直言って、3連覇というものをあんまり考えずに過ごしてきました」

そんな羽生は、オリンピックを目指すさまざまな年齢の選手を見ているうちに、「またオリンピックの舞台で跳んでみたい」と考えるようになりました。そして、誰もやったことのない4回転アクセルへの挑戦を始め、3度目の五輪出場への挑戦を決意するのです。

誰もやったことのない挑戦をしたい。幼い頃からそう考えていた羽生にとって、男子フィギュアのオリンピック3連覇は「史上初」の試みであり「権利を有しているのは僕だけ」という思いもありました。

結局、足の捻挫の影響で4位となり、3連覇は達成することができませんでしたが、「みんなの夢を叶えたい」という羽生の挑戦は、多くの人の心に残るものとなったのです。

WORDS OF YUZURU HANYU 40

あらゆる機会を学びの場にする

アイスショーは競技者にとって課題が見つかる場所でもあるんです。

▼『夢を生きる』

競技者としてのスケーターを引退した羽生結弦は、今、自らが企画した単独のアイスショーを精力的に行っています。その羽生にとって、かつて東日本大震災後に開催されたアイスショーはとてもありがたい存在でした。

震災によって練習場を失った羽生は、恩師である都築を頼って神奈川に移りますが、そこでの練習時間は限られていました。そのため、全国をまわって60回ものアイスショーに出演しています。それはショーではあってもお客さんを意識する滑りや体力づくりに大いに役立ったといいます。だからこそ、オリンピックで金メダルを獲得して以降も、羽生は試合のない時期にはアイスショーに積極的に出演してきました。

「アイスショーは競技者にとって課題が見つかる場所でもある」といいます。

試合のときは「勝ち負け」があるだけに、演技の振り返り方が変わってきます。

勝ったときはじっくり見返すものの、負けたときにはいやなイメージがつくため、熱心に振り返らない。一方、アイスショーは何回も同じ演技を行うため、振り返るし、感覚としても学びやすいというのです。どんな機会であれ、学びの場に変えるのが羽生流なのです。

WORDS OF YUZURU HANYU 41

自分で自分に限界をつくらない

いつまでも向上心を持ち続けていたい。その部分は子供でいたい。

▼『Number PLUS　2015-2016フィギュアスケート　銀盤の奇跡』

羽生結弦は、多くの人が「不可能」と言う4回転アクセルへの挑戦を続けました。

それは、前述したように、羽生自身が「史上最強だった」という「9歳の自分」が、心の中で「跳べ！」と言っていたからです。

子どもの頃は、誰でも途方もない夢を見るものです。ときには「自分は何でも叶えられる」と、万能感を抱くことだってあるでしょう。

しかし、年齢を重ねるにつれて、人は厳しい現実を知るようになります。「自分には無理だな」と、夢や目標に見切りをつけてしまうのが一般的ではないでしょうか。それは子どもの頃の夢を次々と叶えてきた羽生でさえ例外ではありません。

強くなればなるほど、できることとできないことがはっきりと見えてきます。

それでも、羽生は20歳になったばかりの頃、こんなことを言っていました。

「20歳を過ぎても25歳、30歳になっても、『自分はもうここまでだ』とは思いたくない」

人は年齢や経験を重ねると、どうしても自分自身で「これは無理だろう」と限界を設定してしまうところがあります。

しかし、夢の描き方については、限界など気にしない子どものようでありたいというのが羽生の考えなのです。

WORDS OF YUZURU HANYU 42

ひらめきは書き残しておく

眠い、と思いながら机に向かって、ガーッと書いて、パタッと寝る。

▼『羽生結弦　連覇の原動力』

大リーガーの大谷翔平は日本ハム時代、夜中に部屋で休んでいるときも、野球のことで何かひらめくと、練習場に行ってそれを試すことを習慣にしていました。気付いたこと、ひらめいたことはとにかく試してみる。それが大谷の流儀でした。

羽生結弦の場合は、フィギュアスケートだけに、ひらめいたとしてもすぐにリンクに行って試すことができません。

代わりに布団に入っているときでも、ひらめいたことは枕元の「発明ノート」に記入していました。翌日、リンクに行ったときにそのひらめきを試し、成果をノートに書き留めるようにしていたのです。

羽生は元々同世代の選手に比べて3回転ジャンプを跳べるようになるのが遅く、大会で負けると号泣していたといいます。

悔しくて、ジャンプが上手な人について「助走の軌道は？」「跳び上がるときの方向は？」と細かく研究したといいます。そして、気付いたことをノートに書き留めていました。

練習の中で気になったことや思いついたこと、スピードやタイミング、試して良かったことと悪かったこと、疑問点などを詳細に書き、考え、そして試します。

羽生の素晴らしい演技の裏には、そんな地道な研究の成果があったのです。

WORDS OF YUZURU HANYU 43

「我以外みな師」の姿勢で学び続けよう

自分の目に焼き付いているたくさんの選手の演技が、僕を鼓舞してくれた。

▼『羽生結弦　連覇の原動力［完全版］』

「我以外みな師」という言葉があります。

羽生結弦はジュニアの頃から自分より優れたものを持つ選手から貪欲に学んできました。2009年、初めての世界ジュニア選手権では総合12位となり、悔しい思いをします。しかし、出場していたデニス・テン（ソチオリンピック銅メダリスト）について、「滑り方が素敵。スピードもあって、エッジが正確で、身体のラインも綺麗」と、その才能を認めています。

そして12位に泣いた理由ともなったトリプルアクセルの失敗を克服しようと、「色んな人のアクセルを研究した」結果、とくに小塚崇彦の跳び方が自分に合うことに気付き、「年末年始に休んだ直後でも、ポンと跳べる」ほどの力をつけます。

羽生はこんなふうに話しています。

「ジャンプはいろんな選手をマネします。自分の理想の形に近いなと思う選手をピックアップして、取り組んだりしてますね」

ときには合宿で一緒になった浅田真央の跳び方からも学んだといいますし、平昌オリンピックの前には金博洋やハビエル・フェルナンデス、宇野昌磨たちの見事な4回転ジャンプに刺激を受けています。どんなスケーターからも、その秀でた部分を吸収する。この貪欲さが、羽生の着実な成長につながっているのです。

WORDS OF
YUZURU HANYU

第四章

感謝の気持ちを
持ち続ける

WORDS OF YUZURU HANYU 44

一番身近な人に感謝しよう

こんなにお金がかかるスポーツを、（中略）やらせてくれ、今季は（怪我もありながら）試合に出たいという僕を支えてくれた家族に感謝して。

▼『Number』875

羽生結弦は、4歳のときに自宅近くのショッピングモールにあったスポーツクラブでフィギュアスケートを始めます。

最初の頃は「やんちゃでごく普通な子ども」に過ぎなかったのですが、コーチが子どもたちに即興で演技をさせると、恥ずかしがってまったく身体を動かせない子どももいるなか、羽生は初歩のスケーティング技術ながら、何かを表現しようと懸命に身体を動かしたといいます。

そんな羽生の「感性の素晴らしさ」に着目した都築章一郎コーチは、羽生をマンツーマンで指導。その結果、羽生は小学4年生のときに全日本ノービス選手権で優勝を勝ち取りました。それ以後、「仙台には天才のマッシュルーム（髪形のこと）がいる」とその名が全国に知られるようになるのです。

フィギュアスケートは他のスポーツと比べてたくさんのお金がかかります。また、お金をかけたからといって、誰もが成功するわけではありません。それだけに羽生は自分を支えてくれた家族への感謝をいつも忘れませんでした。大会でメダルを取ると、必ず母親の首にかけることを習慣にしていたのもその一つです。

身近な人への感謝が、羽生の次の一歩につながっているのです。

WORDS OF YUZURU HANYU 45

誰かを支えられる人になる

先生、僕のやったことはみんなに感謝されているかな？

▼『Number』868

フィギュアスケーターとして数々の栄光を手にしてきた羽生結弦ですが、「もう滑れないのでは」という危機を何度も経験したことがあります。最も大きな危機の一つが2011年の東日本大震災です。

当時の羽生はシニアに上がり、全日本選手権で4位、四大陸選手権で2位と、順調にキャリアを積み、14年のソチオリンピック出場を目指していました。しかし、その大切な時期に仙台で被災したのです。

練習中だった羽生はスケート靴を履いたままリンクの外に避難、家族で避難所に身を寄せます。誰もが生きていくだけで精一杯の中、羽生も「このままスケートをあきらめてしまおうか」とも考えます。

しかし、手を差し伸べてくれたのは、幼い日のコーチで、東神奈川にいた都築章一郎でした。16歳の羽生は都築のもとで朝夕1時間ずつ練習しながら、全国各地で60ものアイスショーに出演します。このときの経験が羽生をスケーターとして飛躍させたと都築は考えています。

ソチで金メダルを取った羽生は、祝勝会に出席した都築に「先生、僕のやったことはみんなに感謝されているかな?」と問いかけました。

羽生は自らの成長とともに、自分が誰かの力になりたいと考えていたのです。

WORDS OF YUZURU HANYU 46

たくさんの人の支えを意識する

今回の五輪の結果は、カナダでの2年間の集大成かもしれないけれど、十数年を仙台で過ごしてきたからこその結果でもあります。

▼『羽生結弦　未来をつくる』

羽生結弦が生まれ故郷の仙台を離れ、カナダで練習をするようになったのは2012年春、17歳のときのことです。

前年に起きた東日本大震災で仙台の練習拠点を失ったこともあり、急成長を遂げる羽生のためにも、海外の整った環境で一流のスタッフやライバルと共に練習できることは好ましいことでした。

しかし、羽生には仙台を離れることへの未練があったことも事実です。

だからこそ羽生は、ソチ五輪に向けたシーズンイン直前の2013年8月、公開練習の場として慣れ親しんだアイスリンク仙台を選んだのです。フリーに使用したのは東日本大震災が発生したシーズンに使用していたプログラムでした。

羽生はこう話しています。

「たくさんの方々に支えられてここまできました。震災後、宮城の温かさ、日本の温かさも感じてきた。自分一人の力ではないんです」

カナダに移った羽生が、ブライアン・オーサーらの指導により急成長したのはたしかです。けれども、その下地をつくり、強くなりたいという意思を育てたのは仙台での日々でした。仙台という土地は、羽生にとってかけがえのない心の拠りどころとなっているのです。

WORDS
OF
YUZURU
HANYU
47

復興への思いを胸に刻む

もし復興のために何かができるとしたら、金メダルを獲得したこれからなのかもしれない。

▼『羽生結弦　未来をつくる』

羽生結弦は仙台のスケートリンクで練習している最中に東日本大震災に遭いました。震災後は、家族4人で避難所生活を経験したこともあります。

スケートができなくなる危機を多くの人たちの支えで乗り越えただけに、羽生の復興への思いは人一倍強いものがあります。

とはいえ、本格的に練習が再開された後は、被災地に頻繁に足を運ぶことはできませんでした。戻れたとしても声をかけることくらいしかできないのが羽生の悩みでした。だからこそ、ソチオリンピックには勝利を狙う強い意志で臨み、金メダルを勝ち取ったのです。

競技者は勝てば注目が集まります。とくに羽生は人気選手だけに、その発言や行動には広く注目が集まりますし、影響力も持っています。

羽生は金メダルの報奨金や著書の印税をリンクや被災地の復興支援のために寄付しました。

理由は、それを知って「寄付をしたい」「ボランティアしたい」という人が一人でも増えればいいという思いからでした。

自分が手にした金メダルの力を復興のために活用しよう。それが羽生の出した答えだったのです。

WORDS OF YUZURU HANYU 48

すべてのものに感謝の気持ちを忘れない

感謝の挨拶をしました。僕達スケーターは、氷がないと何も出来ないんです。

▼「Number」875

一流のアスリートは自分の道具や競技場をとても大切にしています。

羽生結弦も、子どもの頃からスケートリンクへの愛着を人一倍強く持っていました。アイスリンク仙台の支配人を務めていた新井照生は、幼い羽生が誰よりも熱心に練習に励む一方、練習後には休憩スペースにモップをかける姿を何度か目にしています。本来は職員の仕事なのですが、羽生はそれほどまでにリンクを大切にしていました。

そんな羽生だけに、東日本大震災でリンクが被災し、氷も張れない状態になったときには大変なショックを受けています。以来、練習する場所を求めて各地を転々としますが、そんな経験から、リンクに対する感謝の気持ちが一段と強まったのかもしれません。

2015年、世界選手権に出場するために、衝突事故のあった中国・上海のリンクを訪れた羽生はいつものように氷にそっと触れ、「あの日、自分のスケートをさせてくれてありがとう」と感謝の言葉を口にします。スケーターは氷がなければ何もできません。だからこそ、羽生は練習を終えると、いつもリンクに深く頭を下げ、氷にそっと触れることを忘れたことはありません。

WORDS OF YUZURU HANYU

49

支えてくれる人のために全力を尽くす

どんなときも全力でありたい。それが自分のモットー。

▼『羽生結弦　連覇の原動力［完全版］』

羽生結弦のスケートが見る人の心を熱くさせるのは、ジャンプやスケーティングの華麗さだけではありません。演技後、「このまま倒れてしまうのでは」と思わせるほど、全力を出し切る気迫が観る人の心を打つのです

若い頃は体力的な課題もあったのかもしれませんが、20代になってからの羽生には演技を終えた後に見せる独特の美しさがありました。

羽生自身「どんなときも全力でありたい。それが自分のモットー」だと言い切っています。それはこんな理由からでした。

「特設リンクは、費用がかかるし1日でできるわけではない。スタッフの方は、作ったリンクでいい演技が生まれるとうれしいはず。そうすると、さらにいいリンクを作ってくれ、僕たちはさらにいい演技ができる好循環になる」

どんなスポーツでも、注目を集めるのはまず選手であり、そしてコーチや監督でしょう。

しかし、アスリートが素晴らしいパフォーマンスを発揮できるのは、競技場などを整備するたくさんの裏方の人たちがいるからです。羽生はそこまで思いを馳せることのできる人間力も備えていました。

WORDS OF YUZURU HANYU 50

声援をパワーに変えていく

背中を押してくれたのはお客さん。地元のパワーは底知れないですね。

▼『Number PLUS　2015-2016フィギュアスケート　銀盤の奇跡』

羽生結弦のファンは世界中にいて、どこに行ってもたくさんのファンが熱狂的な声援を送ることはよく知られています。そんな声援の力を実感できたのが、2012年11月のNHK杯でした。

この大会は羽生の故郷である宮城県で開催されました。その年の春、羽生は故郷を離れ、カナダに練習の拠点を移していますが、異国の地で自分のスケートを基礎から磨き上げながら、こんな言葉を口にしています。

「もっと頑張って強くなって、宮城でのNHK杯でその成果を日本の皆に見せたいです」

迎えたグランプリシリーズ、初戦のスケートアメリカではショートで世界最高点を叩き出したものの、フリーではジャンプミスもあり、2位となります。

しかし2戦目の宮城でのNHK杯では、ショートで自らの世界最高点を塗り替えただけでなく、フリーでも4回転ジャンプを見事に決め、優勝を手にします。

「夜も興奮して目が覚めて、胃も痛かった」という羽生が優勝できたのは「地元のパワー」があったからでしょう。

羽生にとって、お客さん、とくに地元の声援には強く背中を押してくれる力があったのです。

WORDS OF YUZURU HANYU

51

寄り添ってくれる仲間を大事にする

今のチームには愛情を感じるのです。選手として見てくれている以上に、羽生結弦を大事にしてくれています。

▼『夢を生きる』

羽生結弦は2012年春に練習拠点をカナダに移し、ブライアン・オーサー率いるチーム・ブライアンで活動を続けました。「今のチームには愛情を感じる」というのが、その大きな理由です。

試合に勝ったとき、チームの人たちが喜ぶのは当然のことですが、かける言葉はいつも「良かったね」で終わるといいます。なぜなら「それ以上言わなくても、他の皆が良かったねと言ってくれる」からです。

問題は勝てなかったときでしょう。

2015－2016年シーズンを締めくくる世界選手権は、羽生にとって「決してはずさないぞと集中して練習をし、一生懸命自分の思っているプランに沿ってやりきってきた」ものでした。しかし、フリーでのミスが影響して、結果は2位。それだけに、羽生は「精神的に苦しいだけでなく、喪失感まで抱いた」と語りました。

そんな羽生の心に寄り添い、支えてくれたのは、チームの仲間であり、羽生の家族でした。

スケーターとしての羽生結弦と、普通の人間としての羽生結弦。その両方を大事にしてくれるからこそ「チームってすごく大事だな」という感謝が生まれるのです。

自分を支えてくれる人の価値は、不遇なときにこそ、強く実感できるのです。

WORDS OF YUZURU HANYU

52

困難なときこそ心に残る行動をしよう

演技が終わったあとの1秒だけでもいいから、少しでも見ている人たちの生きる活力になったらいいなと思いました。

▼『羽生結弦　未来をつくる』

２０２０年から世界中で猛威を振るった新型コロナウィルスは、ほぼすべての人の生活に影響を与えました。

それはアスリートにとって、競技をする意味を問いかけるきっかけになりました。過酷な戦いを強いられる医療従事者や、職を失って生活難に苦しむ人たちがいる一方で、自分はこのままスポーツを続けていていいのかと戸惑った人も多かったようです。その悩みと迷いは羽生結弦も同様でした。

とくに羽生は東日本大震災を経験しています。それだけに、苦しむ人たちの気持ちが痛いほどよくわかりました。カナダに戻らず日本国内で練習を続けながら、自分が何をすべきなのか、何ができるのか、悩んだことでしょう。

しかし、コロナ禍で開催された大会に出て、「希望の光でした」「勇気をもらえました」といった観客の声を聞くと、「自分たちアスリートが、多くの人たちに何かできるとしたら、こういう時こそ全力で戦う姿を見せる」ことだろうと決意します。

自分にできることは、観ている人に「希望」や「心が動く時間」を届け、「誰かの心に残る演技」をすることしかないのだ、と。

これがコロナ禍で羽生結弦が到達した、アスリートとしての使命でした。

WORDS OF YUZURU HANYU 53

期待を超えてこそスーパースターだ

待ってて良かったと言われる演技をしたい。

▼『羽生結弦　連覇の原動力［完全版］』

羽生結弦が２０１７年11月、ＮＨＫ杯の練習中に転倒して右足首を負傷したニュースは、世界中のファンを不安にさせました。３カ月後に平昌オリンピックの開幕を控え、「試合に間に合うのか」「連覇はどうなるのか」という不安が囁かれました。

「自分に嘘をつかないのであれば、やはり連覇したい」と口にしたものの、長期にわたる治療とリハビリへの不安が羽生の脳裏にあったのも事実です。

実際、リハビリ中は「このままスケートを辞めるのかな」と思えるほど厳しい状況だったといいますが、あきらめないで続けた結果、会場入り後の練習でトリプルアクセルや4回転からの3連続ジャンプなどをきれいに決めることができました。

試合の数日前、記者会見に臨んだ羽生は「やるべきこと、これ以上ないことをやってきたので、何も不安要素はない」と言い切ります。そして、「待ってて良かったと言われる演技をしたい」と言って会見を締めくくりました。

羽生はその言葉通りの演技を披露、見事に連覇を達成します。それは観る人の期待を超えるものであり、羽生自身が子どもの頃に夢見ていた「レジェンド」になった瞬間でした。

WORDS OF
YUZURU HANYU

第五章

逆境を乗り越える

WORDS OF YUZURU HANYU

54

自分がすべきことに目を向ける

僕は被災者代表じゃない。日本代表のフィギュアスケーターなんだ。

▼『羽生結弦　王者のメソッド』

羽生結弦は小学4年生のときに初めて日本代表としてフィンランドで行われたサンタクロース杯に出場、見事に優勝しています。

以来、日本代表として多くの試合を経験していますが、東日本大震災の後、しばらくの間はどこに行っても震災のことばかりを質問され、「僕は被災者代表じゃない。日本代表のフィギュアスケーターなんだ」という気持ちになったことがあるといいます。

当時、羽生は世界ジュニア選手権優勝をはじめ、ジュニアの主要なタイトルはすべて手に入れていました。また、シニアに上がり、そこでも世界の舞台で戦える水準までのぼりつめていました。羽生にしてみれば、「一生懸命日本代表になって、やっとつかんだシニアで戦う権利」が、被災したことによって「被災地で頑張っている人間だから選ばれている」ように思われることに複雑な思いがあったのです。

しかし、その後、たくさん人の応援を受けるなかで、少しずつ心境に変化が訪れます。自分がどのように見られているかは関係なく、あくまでも一人のスケーターとしてやるべきことをやる。それが羽生の出した結論だったのです。

WORDS OF YUZURU HANYU 55

結果に責任を持とう

漫然と当たり前にスケーターだったものが、明確にスケーターになった。

▼『羽生結弦　王者のメソッド』

羽生結弦は東日本大震災のときにスケート場で被災し、スケート靴を履いたまま避難するという経験をしています。家族4人で避難所での生活を余儀なくされたこともあります。そのため、震災後はアイスショーや試合に出場しても、必ずと言っていいほど震災のことや被災者への思いを聞かれました。

被災地の惨状を知るがゆえに、「僕の演技で被災地を元気づける」という言葉が空虚に感じられ、また、あたかも被災者代表であるかのような報じられ方にも違和感を覚えていました。

そんなある日、仙台空港へ向かう途中、見慣れた住宅街が消え、見えるはずのない海が見えたことで、モヤモヤが吹き飛んだといいます。

「実力で選ばれた日本代表のスケーターとして、結果に責任を持たないと」

自分がスケーターとして結果を出して、それを見て喜んでくれる人がいるのなら、アスリートとしての自分を第一に考える。4歳からスケートを始め、当たり前のようにスケーターだった羽生は、被災して思いを巡らすなかで、「明確にスケーターになった」というのです。

素晴らしい演技をすること、勝つことが羽生の明確な目標となったのです。

WORDS OF YUZURU HANYU

56

うまくいかない理由は自分が受け止める

試合が始まったら、羽生は地震のせいで成績が落ちた、なんてことにはしたくない。

▼『蒼い炎』

羽生結弦が東日本大震災で被災したのは2011年3月。ソチオリンピックの3年前のことです。前年の全日本選手権で4位になり、2011年2月の四大陸選手権で2位と、オリンピック代表を狙ううえではとても大切な時期だっただけに、肝心の練習場を失い、心に大きな傷を負ったことは大きなハンデとなりました。

実際、オフシーズンに入り、練習環境も整っておらず、今までに比べれば万全な状況ではないことを意識して、羽生自身も「これなら結果が出なくても仕方がない」と思うこともあったといいます。

ただ、一方で、「羽生は地震のせいで成績が落ちた」と思われたくないという気持ちも強くありました。

国内の大会はもちろん、世界の舞台で戦ったとして、結果が出なければ、その演技が報じられることもありません。

順位だけで「ああ、羽生は結局こんなものなんだな」と思われては、自分のためにもなりませんし、被災地の人の力にもなれません。

地震のことは一度自分から切り離し、リンクのせいにもせず、「今一番やるべきことは、結果を残すこと」だと気持ちを新たにする。これが、当時の羽生が出した結論だったのです。

WORDS OF YUZURU HANYU 57

良き師との出会いが人生を決める

先生がいなければ、今は何もやってなかった。

▼『羽生結弦　連覇の原動力［完全版］』

どんなに優れた素質があっても、周りの支えなしにそれを開花させることはできません。

羽生結弦はソチオリンピックで金メダルを獲得した後、「たくさんの人に支えられて、この場所に立てている」と感謝の言葉を口にしました。その感謝したい人の一人こそ、これまで何度か登場している仙台時代のコーチ、都築章一郎です。

仙台時代、都築は羽生の才能を高く評価、「お前、世界に羽ばたくんだから」と厳しく指導していますが、東日本大震災で練習拠点を失った羽生を支えたのも、仙台を離れて横浜にいた都築でした。


「先生、もう疲れたよ」「こんな状態の中で続けていいのかな」と悩む羽生に、都築は「胸が詰まるほどの悲しい情景を見たんだから、そう思ってもおかしくないね」と受け入れつつも、羽生と一緒に「スケートを一からちょっとずつ作り直した」といいます。まさに羽生にとって「先生がいなければ、今は何もやってなかった」というほどの恩師です。羽生はその一方で全国のアイスショーに出演することで練習量を確保、集中力も磨いていきます。

人生において、良き師、良きロールモデルとの出会いはとても大切でかけがえのない財産なのです。

WORDS OF YUZURU HANYU

58

過去に戻るのではなく前に進む

今まで出来ていたことが何故出来ない、ではなく、今は今。

▼『Number PLUS　2015-2016フィギュアスケート　銀盤の奇跡』

プロ野球の選手が不調に陥ったときは、しばしば自分が最も調子が良かったときの映像を見るのだそうです。そうすることで何が問題かを知り、調子を戻すヒントを得るのでしょう。しかし、大リーグでも活躍したイチローは、こうしたことをほとんどしなかったといいます。

　年齢を重ねて、自分の体形や相手の攻め方も変わるなか、全盛期のフォームを取り戻すよりも新しく変化する方が望ましいという考えからでした。

　羽生結弦も、ソチオリンピックで金メダルを獲得した次のシーズンに衝突事故やケガなどに苦しみ、それまでできていたことが思うようにできない時期がありました。グランプリシリーズでもミスが相次ぎますが、それでも「今まで出来ていたことが何故出来ないのか」と考えることはありませんでした。そう考えてしまうと、「できた自分に戻す」という発想になり、「戻すという言葉は自分にとってはマイナス」になるからです。

「戻す」のではなく、「今は今」と考えて、壁を乗り越えていく。後ろを振り返らずに前進する。それが羽生の考え方でした。

　２０１４年12月、進化を遂げた羽生は、グランプリファイナルで見事に優勝を果たすのです。

WORDS OF YUZURU HANYU 59

「壁の先にある壁」を乗り越える

壁を乗り越えたけれど、その先には壁が見えました。

▼『Number』941

たいていの人は障害などない、平穏無事な生き方を望むものでしょう。

　しかし羽生結弦は目の前の逆境や課題を「壁」にたとえ、こう言っています。

「逆境は嫌いじゃない。乗り越えた先に見える景色は絶対に良いものだと思っている」

　羽生にとっての「壁」は、ケガや病気、手術だけでなく、自分の中にある弱さも「壁」となります。試合でのミスを招くのはケガだけではなく、精神的な課題であることも多く、それらを「壁」と考え、乗り越えることで新たな自分が発見できると考えていました。


逆境に立ち向かい、課題を見つけ、克服することで成長するというのが羽生のやり方ですが、では、壁を乗り越えればそれでいいのでしょうか。

　羽生自身、「壁を乗り越えたけれど、その先には壁が見えました」と話しているように、一つの壁を越えれば、さらに新たな壁が現れるのです。

　これでは永遠にゴールの見えないマラソンを走っているようなものですが、羽生は「僕は人一倍欲張りだから、何度でも越えようとする」と語っています。

　逆境を避けるのではなく「歓迎」する。これが羽生の生き方なのです。

WORDS OF YUZURU HANYU 60

追いかける立場を楽しもう

また追うことが出来る立場になった。

▼『Number』875

２０１３‐２０１４年シーズンが羽生結弦にとって栄光の年（グランプリファイナル、ソチオリンピック、世界選手権の三冠達成）だとすると、五輪王者として迎えた２０１４‐２０１５年シーズンは「試練の年」となりました。

２０１４年11月、グランプリシリーズ中国杯の６分間練習中に中国の選手と衝突して頭から出血したほか、尿膜管遺残症のため腹部を４センチ切る開腹手術を受け、１カ月半余りを入院と自宅療養に費やすことを余儀なくされたのです。

さらに復帰を急ぐあまり、練習で無理をして捻挫もしてしまいました。

まさに踏んだり蹴ったりの状態でしたが、それでも羽生は五輪王者、日本王者として世界選手権連覇をかけて出場を決意します。

結果は2位。羽生を抑えて優勝したのは、チームメイトでもあるハビエル・フェルナンデスでした。

羽生は「彼をチームメイトとして誇りに思う」と、その優勝をたたえると共に、「また追うことが出来る立場になったな、と思います」と来季への巻き返しを誓っています。普通なら、敗北に心が折れてもおかしくない状況でしょう。しかし、羽生にとって、久々の「追う立場」は、楽しみなものとして受け止められたのです。

WORDS OF YUZURU HANYU 61

困難を意志と意地で乗り越える

時間の経過を漫然と待つのではなく、意志の力と意地で、いわば力業で切り替えたんです。

▼『夢を生きる』

人の悲しみを癒すうえで効果的なのが「時薬」です。どんなつらい出来事も「時間」が経つにつれて少しずつ痛みが和らいでいく、という意味です。

　時薬そのものは効果的なものですが、2014－2015年シリーズの羽生結弦は時薬に頼るわけにはいきませんでした。2014年11月、羽生はグランプリシリーズ中国杯の練習中に中国選手と衝突、大きなケガを負ってしまいます。

　それでもケガを押して試合に出場した羽生は2位に入りますが、11月の同じくグランプリシリーズのNHK杯に関しては「やはり無理だ」という思いがありました。

　周囲からは「無理しない方がいい」という声があがる一方、「頑張ってほしい」という声もありました。

　羽生はグランプリファイナルに出たいという気持ちから出場を決意しますが、いざ練習を始めると、条件反射のように他の選手を避けてしまいます。

　これではダメだと感じた羽生は中国杯と同じ状況で、「自分の構成どおりに跳ぶ。それでぶつからなかったら乗り越えられる」と言い聞かせて練習に臨みます。「意志と意地」で恐怖を乗り越えた瞬間でした。

WORDS OF YUZURU HANYU 62

リスクを恐れずチャレンジする

フィギュアスケートに対して、スポーツに対して、勇気をもって、また、恐れずに、いろいろチャレンジしてきたからだと思っています。

▼『羽生結弦 連覇の原動力[完全版]』

「無事これ名馬」という格言があります。「多少能力は劣っていても、ケガなく走り続ける馬は名馬である」という意味ですが、スポーツの世界においては「走り続ける」だけでは十分ではなく、「勝ち続け」なければいけません。

羽生結弦はソチオリンピックで金メダルを獲得した後、練習中の衝突事故や手術、さらには捻挫やインフルエンザなどいくつものケガや病気に苦しめられています。

とくに平昌オリンピック間近の右足のケガは、フリーの演技を終えた後、羽生が右足首を触り、「がんばってくれてありがとう」と感謝するほどのものでした。

なぜ、羽生はこれほど多くのケガに悩まされるのか。こんなふうに話しています。

「フィギュアスケートに対して、スポーツに対して、勇気をもって、また、恐れずにいろいろチャレンジしてきたからだ」

羽生が武器とする4回転ジャンプは華やかなものですが、それだけに身体への負担も大きくなります。また、ケガのリスクも無視できません。

一方で、羽生にはリスクを恐れないチャレンジ精神があります。

危険だとわかっていても、跳ぶ。だからこそ勝つことができるし、人々を魅了することができるのです。

WORDS OF YUZURU HANYU

第六章

さらに上の成長を目指す

WORDS OF YUZURU HANYU 63

夢の実現のために
すべてを燃やし尽くす

オリンピックは今までの人生と、これからの人生の両方をかけて戦った試合でした。

▼『Number PLUS 羽生結弦2010-2022』

ジュニアの世界王者となり、本格的にシニアに活躍の舞台を移した羽生結弦は、シニア1年目の全日本選手権で4位となり、2011年2月の四大陸選手権では見事に銀メダルを獲得します。

シニアでの成績に手応えを感じた羽生はこんな抱負を口にします。

「14年のソチ五輪は、とにかく出場したいです。そして18年平昌五輪は23歳で年齢的には味も出てくるし、一番ベストの年齢。平昌五輪では金というイメージです」

ソチでは「五輪で滑っているんだぞ」という空気を味わいながら、思い切って演技を行い、平昌では確実に金を取るというのが羽生の描いた計画でした。

実際には、このときの目標より早くソチで金メダルを獲得するのですが、その時点でも「平昌で金」という目標は絶対に揺るがない目標でした。だからこそ、羽生はソチの金メダルに驕《おご》ることなく、さらなる高みを目指すことができたのでしょう。

平昌での金メダルを手にした途端、それまでのプレッシャーから解放され、「未知なる世界にいる感じ」になったといいますから、それまでの日々がいかにすさまじいものだったかが想像できます。

羽生にとって、オリンピックとは、それほどすべてを懸けた戦いだったのです。

WORDS OF YUZURU HANYU 64

誰かの心を激しく揺さぶろう

僕の演技に感動したりもっと好きになってくれるなら、僕はもっともっと頑張れます。

▼『羽生結弦　王者のメソッド』

羽生結弦がスケートをする目的は年とともに変化しています。

14歳の頃は「まだまだ僕のことを知らない人が世の中に99%いるので、1%でも増えるように頑張っていきたい」と、強くなってみんなに知られるようになることを目標としていました。その目標はソチオリンピックの金メダルによって叶えられます。このシーズンに、オリンピックを含む三冠を達成したときには、こう話しています。

「三冠を達成したから次に目指すものがなくなるわけではありません。記録はあくまでも記録。僕は記録を残すより自分自身が成長したいんです」

強くなり、栄冠を手にしても、「次」の課題を見つけて、さらなる成長を目指すことを意識しているのです。

その後、世界最高得点を記録するようになった羽生は、「その日、その会場でしかできない演技」をしたいと口にするようになりました。

栄冠を手にし、世界最高点を記録してもなお羽生が目指したもの、それは勝ち続けること以上に、会場を訪れた人たちの思い出に残るような演技をすることでした。誰かの心を揺さぶる演技ができれば、それこそが自分にとっての幸せなのだ。

羽生はそう考えていたのです。

WORDS OF YUZURU HANYU 65

アスリートにしてアーティストでありたい

力強さや、高度なジャンプ技術や……そんなアスリートの技術は当たり前に持っていて、さらにアーティストになる。それが僕の、目指すところです。

▼『蒼い炎』

羽生結弦は東日本大震災の後、日本全国のスケート場で約60ものアイスショーに出演しました。

練習場を持たない羽生にとって、このときの経験は貴重な学びの場となりましたが、同時に、アイスショーへの出演がフィギュアスケートという競技について考えるきっかけにもなりました。

羽生によると、スケーターは試合に勝つため、つまり自分のために滑っているのですが、一方でそれを見たお客さんから「感動した」「元気をもらったよ」と言ってもらえる、特殊な競技だといいます。

単なる勝ち負けではない、切なさや喜びを感じさせる芸術性もあります。

その意味では、フィギュアスケーターには難易度の高いジャンプやスピンといったアスリートとしての技術だけでなく、バレエのように、見る人に感動を与える高い芸術性も備わっていなければならない。羽生はそんなふうに考えていました。

優れたアスリートでありながら、一方で見ている人たちに賞賛してもらえるアーティストでもある。羽生が目指したのは、その両方を高いレベルで兼ね備えたスケーターでした。その背後にあるのは、中途半端なレベルを認めない、自分に対する厳しさなのです。

WORDS OF YUZURU HANYU 66

トップとの差から見えてくるものがある

やっぱり強い人を見られるのは良いな。これくらい滑れれば、パトリックのような演技構成点が出て、順位も上がるという基準が明確に見える。

▼『羽生結弦　王者のメソッド』

ビジネスの世界に「ベンチマーキング」という考え方があります。自社よりも優れた企業と比較することで、自社と相手との間にどれだけの差があるのか、どこが負けているのかを細かく調べ、改善することで自社を強くする方法です。

比較する際には身近なライバル企業を選びがちですが、ベンチマーキングにおいては自社よりも圧倒的に強い企業を対象とすることもあります。

今は大きな差があっても、改善を重ねればいつか追いつき追い抜くことができるからです。

羽生結弦が「ベンチマーキング」の対象にしたのは世界一のスケーティング技術を持つパトリック・チャンでした。

2010年11月、グランプリシリーズのロステレコム杯で羽生は7位になります。そのとき、羽生は練習で滑るチャンを追いかけるように滑ることで、ブレードの倒し方やスピード、ジャンプへの入り方などを可能な限り体感しました。それは当時の羽生にとってはすぐにマネのできないものばかりでしたが、世界一の水準を実感したことで「僕はもっと強くなれる」という思いを強くします。

トップとの距離を知ることは羽生にとって成長への必須条件だったのです。

WORDS OF YUZURU HANYU 67

尊敬できるライバルを持とう

ライバルがいるほど僕は強くなれる。目の前に尊敬できる存在がいて、刺激し合うことで成長できる。

▼『Number』900

羽生結弦は生来の負けず嫌いで、フィギュアスケートを戦ううえでも常にライバルの存在を意識していました。ジュニアに上がった頃の羽生の前には、前項で述べたパトリック・チャンのほか、高橋大輔やエフゲニー・プルシェンコといった実力派の選手が立ちはだかっていました。

こうした選手たちに勝つために、17歳の羽生は2012年春、カナダのトロントにある「トロント・クリケット・スケーティング&カーリングクラブ」に練習拠点を移します。長く指導を受けていた阿部奈々美コーチの「もっと海外に目を向けなきゃね」という勧めもあっての決断でした。

それは生まれ故郷の仙台を離れることを意味していましたが、その背中を押したのは「僕はライバルがいるほど頑張れる」という羽生の思いです。

指導者のブライアン・オーサーはオリンピックの元メダリストであり、キム・ヨナを育てたことで知られています。当時は同じクラブにハビエル・フェルナンデスという美しい4回転を跳ぶ選手がいたことも大きな魅力でした。

心からすごいと思える人が近くにいることは、羽生にとって、強くなるために欠かせない条件でした。この刺激こそが、羽生をさらなる高みに押し上げていくのです。

WORDS OF YUZURU HANYU

68

目指すのは「誰か」ではなく「自分の成長」

僕が目指すのは自分。誰かを目指すのではなく、僕が上手くなりたいという気持ちで燃えています。

▼『Number PLUS　羽生結弦2010-2022』

オリンピックにおける金メダルは、アスリートにとって自分の競技人生を賭けた究極の目標です。それだけに、金メダルを手にすることでいわゆる「燃え尽き症候群」に陥って、そのまま引退する人も少なくありません。

しかし、羽生のモチベーションは、ソチオリンピックで金メダルを手にした後も決して下がりませんでした。

年齢的にも若く、平昌での金メダルを目指していたという事情もありますが、一方で「もっと強くなりたい」という気持ちが高まったから、ともいえます。

金メダルを手にする以前の羽生にはエフゲニー・プルシェンコなど追いかけるべき目標がありました。

しかし、金メダルをとってからは、得意のジャンプとは別に、姿勢や演技などで多くの課題が見えてきて、「表現には正解やゴールがない」ということに改めて気付かされたのです。

目指すのはタイトルでもなく、あこがれの「誰か」でもなく、自分がどこまでうまくなれるかです。

ゴールが到達点であれば、達成した瞬間に満足して終わるでしょう。しかし、羽生が目指すのは、ゴールのない成長なのです。

WORDS OF YUZURU HANYU

69

自分の伸びしろに期待しよう

今の自分の心境としての思いで言えば、（完成度は）20％くらい。

▼『Number PLUS　羽生結弦2010-2022』

平昌オリンピックを半年先に控えたある日、記者が羽生結弦に「今の完成度は?」と尋ねると、返ってきたのは「20%くらい」というものでした。

20%と聞くと、随分低いように感じます。それではとても本番に間に合わないのでは……と不安になる人もいるでしょう。しかし、羽生の言う「20%」はオリンピックへ向けての完成度ではありませんでした。

羽生は早くから「何でもできるスケーターになりたい」という目標を口にしていました。その理想のスケーターが「100%」とすれば、まだ「20%」という意味なのです。

オリンピックの金メダルをはじめ、数々のタイトルを獲得しても、さらにはるか先を見ているのが羽生の特徴でした。そして、それは同時に「自分はまだ80%の伸びしろがある。まだまだいくらでも成長できる」という意欲の表れでもありました。羽生は言います。

「1年後の自分に会えるとしたら『まだまだだろう、お前』と言われると思います。1年後になったら、たぶんもっと成長している」

羽生の目標は得点でもタイトルでもなく、成長し続ける自分自身なのです。

WORDS OF YUZURU HANYU

70

挑戦には それだけで価値がある

報われない努力だったかもしれないけど、（中略）一生懸命、これ以上ないくらい、頑張りました。

▼「朝日新聞」2022.2.11

羽生結弦にとって4回転アクセルは特別なジャンプであり、オリンピック3連覇よりも価値があるものでした。

だからこそ羽生は、コロナ禍で練習拠点のカナダに渡れなくても、淡々と孤独な挑戦を続けたのです。

何千回も氷に叩きつけられ、脳震盪《のうしんとう》を起こすかもしれないという恐怖と戦いながら、「もうやめようと思った」と、当時の気持ちを正直に吐露しています。

ただ、その挑戦の過程で、4回転サルコウや4回転トゥールループは驚くほど軽快で安定感のあるものになりました。トレーニングの結果は着実に積み上がっていたのです。

4回転アクセルも、オリンピック前の全日本選手権では両足着氷、オリンピックでは片足で着氷して転倒と、完璧ではなかったものの、国際スケート連盟の公認大会で史上初の4回転アクセルと認定されます。

それでも4位という結果に、羽生自身は「報われない努力だったかもしれないけど」と言いつつも、「自分のプライドを詰め込んだオリンピックだった」と胸を張りました。

自分が納得できるほどの力を注ぎ込めば、どんな結果も清々しい気分で受け止めることができるのです。

WORDS OF YUZURU HANYU

71

続ける理由は「好きだから」でいい

五輪王者や全日本王者のプライドを守るためじゃなく、スケートが好きで、ジャンプが好きだから、試合をしている。

▼『Number』941

引退を決めたアスリートがしばしば口にするのが「競技を始めたばかりの子どもの頃の楽しさを思い出した」です。

プロになったり、オリンピックに出たりするほどのアスリートなら、子どものの頃からその競技が大好きだったのでしょう。だからこそ卓越した力を身につけることができたともいえます。

ところが、なかには成績を追いかけることが目的となってしまい、競技自体が楽しくなくなるケースもあるそうです。

羽生結弦は、オリンピックで金メダルを取った後も「スケートが好きで、ジャンプが好き」と話しています。

平昌オリンピックを間近に控え、ケガを克服するために練習していたときも「スケートを続けて良かったな、(自分は)根源的にスケートが好きなんだな」と語りました。また、北京オリンピックの戦いを終えた後、リンクに立った感想を聞かれて、「やはり自分はフィギュアスケートが好きなんだ」と熱い思いを口にしています。

強いから好きでいられるのか、好きだから強いのか。いずれにせよ、どんなにつらくても「やっぱり、これが好きだ」と思えるものに出合えることは幸せなことではないでしょうか。

WORDS OF YUZURU HANYU

72

「できない」を「可能性がある」と捉える

僕はフィギュアスケートしかやってないなって思ったんですよ。

▼『AERA』2023.8/14-8/21

羽生結弦が競技生活に区切りをつけ、プロのスケーターになることを発表したのは2022年7月のことです。最初のアイスショー「プロローグ」と続く「GIFT」はいずれも出演するのは羽生ただ一人ということで大きな驚きをもたらしました。

とくに「GIFT」は、東京ドームという広大な空間を使いながら羽生だけが滑るわけですから、アイスショー史上初の快挙と評されたのも当然と言えます。

その後は毎年恒例の「ファンタジー・オン・アイス」などにも出演していますが、プロとしての活動を通して羽生が感じたのは「僕はフィギュアスケートしかやってないな」ということでした。

4歳からフィギュアを始め、すべてをスケートに捧げることで世界の頂点に立った羽生ですが、実はできないことがたくさんあったというのです。ダンスを例にとっても、それはフィギュアスケーターとしてのダンスであり、さらに洗練させる必要があると羽生は捉えていました。

ただし、できないことを残念がるのではなく、「やってこなかったことの方が多いからこそ、可能性がある」と考えるのが羽生なのです。「できないことがある」のはまだまだ成長の余地があるということで、とても楽しいことなのです。

WORDS OF YUZURU HANYU

73

王者だからこそパイオニアでありたい

「何かを残さなければいけない」との使命感がすごくあったんです。

▼『羽生結弦　未来をつくる』

体操競技を見ていると、次々と高難度の技が生み出され、その進化ぶりに驚かされます。もちろん、フィギュアスケートの世界でも技の進化はめざましく、男子では4回転ジャンプを何種類も跳ぶようになっています。それもジャンプが入るのは演技の後半。技術や体力に加えて、表現力も求められるような構成が当たり前になってきました。

こうした進化をリードしてきたのが羽生結弦です。羽生はパトリック・チャンやネイサン・チェン、日本の宇野昌磨といったライバルたちと競い合い、勝つために、より難度が高く美しい演技に挑戦してきました。その意欲はオリンピック連覇後も衰えることはありません。

記録を塗り替えた人間として「さらに新しい扉を開ける存在になりたい」は羽生の言葉です。そこから4回転アクセルへの挑戦が始まりました。

試合のことだけを考えればそこまでする必要はないのかもしれません。

しかし、あえて跳ぶと決めたのは「何かを残さなければならない」という使命感からでした。

勝つことは大切なことですが、同時に「理想」を描くことも忘れない。それが羽生結弦の生き方なのです。

WORDS OF YUZURU HANYU 74

新しさではなく
深さを極めていく

伝統芸能とか、語り継がれるものは何回も何回もやるじゃないですか。（中略）自分もそういう道に行ってもいいんじゃないかな。

▼『Number PLUS　羽生結弦2010-2022』

羽生結弦にとって「SEIMEI」はとても思い出深い曲です。

元々は映画「陰陽師《おんみょうじ》」のためにつくられた曲でしたが、羽生が平昌オリンピックのフリープログラムで使い、金メダルを獲得したことによって広く知られるようになりました。

平昌オリンピックの後、羽生はショートで「秋によせて」、フリーでは「Origin」に取り組みました。

しかし、2020年2月の四大陸選手権の開幕5日前に「バラード第一番」「SEIMEI」への変更を発表します。

直前での変更も異例ですが、2年ほどでプログラムを変更するのが一般的なフィギュアスケートで、いくら栄光のプログラムとはいえ、それを再演することは多くの人を驚かせました。

羽生は2位に終わった全日本選手権のエキシビションで「SEIMEI」を演じ、「自分でいられる」と感じたのです。

歌舞伎やバレエの世界では名作が何度も演じられるのはよくあることです。

羽生は元々「SEIMEI」について、「まだまだ伸びしろがあり過ぎるくらいのプログラム」と感じていただけに、さらに磨きをかけるために、新たな一歩を踏み出したのです。

WORDS OF YUZURU HANYU

第七章

フィギュアスケートと共に生きる

WORDS OF YUZURU HANYU 75

自分だけに与えられた役割を果たす

僕が頑張ることで（中略）たくさんのスケーターが生まれれば、将来も素晴らしいスケーターが育つ。そのきっかけになりたい。

▼『羽生結弦　連覇の原動力［完全版］』

フィギュアスケートは今でこそ人気の高い競技ですが、かつてはメダルから遠い位置にある、どちらかといえば地味なスポーツでした。

　そんなスケートに初めてのメダルをもたらしたのが伊藤みどり（１９９２年アルベールビルオリンピック銀メダリスト）です。さらにトリノオリンピックで荒川静香が金メダルを獲得して以降は、浅田真央や高橋大輔などの人気選手が続々と登場するようになります。

　こうしてフィギュアスケート人気が高まり、羽生結弦の登場で黄金期に突入することとなったのです。


羽生自身、仙台市民として荒川静香のパレードを見たときに、「次は自分が」と心に誓いました。そして、夢が叶った後は、自分が素晴らしい成績を上げることでたくさんのファンが誕生し、そのファンに支えられて後輩スケーターたちが育つことを願っていたのです。

　トップアスリートは結果が求められるだけでなく、競技を代表する者として果たすべき役割があります。羽生は自分の影響力と、役割をよく自覚していました。そして、自らが象徴的な「アイコン」となることで、フィギュア界に貢献しようと考えたのです。

WORDS OF YUZURU HANYU 76

頂点に立つ者だけが知る孤独がある

本当の気持ちは、嫌われたくないってすごく思います。

▼『Number PLUS　羽生結弦2010-2022』

羽生結弦はフィギュアスケートという枠を超えた人気者だけに、競技以外のことでも何かと注目を集めてきました。

２００９年、羽生は、世界ジュニア選手権に出場した頃、羽生は、「世の中の人全員が忘れられないような演技をしたい」と話し、たくさんの人に羽生結弦という名前と存在を知ってほしいという希望を強く持っていました。

カナダに練習の拠点を移した当時も、練習後のインターネットのチェックは日課になっており、自分のことが書かれた記事を見つけては一喜一憂していたといいます。

そんな羽生を見て、コーチのブライアン・オーサーは、「テレビやネットを気にし過ぎだ。ネットの書き込みなんて読んじゃいけない。ひどいことを書く人もいるから、焦るだけだ」と諭《さと》します。

当時18歳だった羽生は、良い記事を読んでは喜び、中傷記事には傷つく普通の若者でした。

強くなり、有名になればなるほどさまざまな情報が飛び交います。

ある日の記者会見では「本当の気持ちは、嫌われたくないってすごく思います」という悩みを打ち明けています。有名になればなるほど、他者には想像もつかない深い孤独があるのです。

WORDS OF YUZURU HANYU 77

どんな経験も人生の糧にする

人生にとって（現役）スケーターの期間って、3分の1か、4分の1。この期間の経験すべてが次の人生に生きてきます。

▼『Number PLUS　2015-2016フィギュアスケート　銀盤の奇跡』

「メダルのために人生があるのではない。人生のためにメダルがあるのだ」

これはシドニーオリンピック女子マラソンの金メダリスト高橋尚子を育てた名コーチ、小出義雄の言葉です。アスリートの選手寿命は長くないだけに、引退後を含め、「自分の一生の絵を描く」ことの大切さを説いたものでした。

羽生結弦は4歳でフィギュアスケートを始め、27歳でプロのスケーターに転向することを表明しました。今でもプロスケーターとしてアイスショーなどを精力的に企画・出演していますが、競技者としてオリンピックなどに出場することはありません。

これまで、羽生はオリンピック連覇などの偉業を成し遂げていますが、一方でケガや病気にも苦しんできました。

しかし、羽生はアクシデントをマイナスとして考えず、その経験すべてが「これからの人生に生きる」と考えています。

人生は平坦ではありません。大きな壁に直面することもあります。そんなときに目の前の壁をどのように捉えるかで、その人の真価が問われるのでしょう。

常に壁を乗り越えてきた羽生にとっては、人生の壁もまた、楽しみながら乗り越えるべき存在なのです。

WORDS OF YUZURU HANYU 78

人生はプラスマイナスゼロだと考える

人生のプラスとマイナスはバランスが取れていて、最終的には合計ゼロで終わると思っています。

▼『夢を生きる』

羽生結弦は、手にした栄冠だけを見れば恵まれた人生を送っているように思えますが、競技人生に目を向ければ案外と起伏の多い人生を送っています。

平昌オリンピックのシーズンが始まって間もない頃、自分のそれまでの人生を振り返ってこんな話をしています。

「まるで、ジェットコースターに乗っているようです。勝てない時は本当に勝てないし、たくさん練習してすごく調子がいいと、ケガをする。その繰り返しです。いい時と悪い時の差が激しくて、自分でも付いて行けない時があります」

前述したように、東日本大震災で被災したときには、全国を転々とするなどさまざまな苦労をしています。

また、ソチオリンピックで金メダルを獲得した次のシーズンには、大きなケガや手術も経験しています。さらに、2017年11月、右足の靭帯損傷で、一時は平昌オリンピックへの出場が危ぶまれるほどのダメージを受けます。その危機を乗り越えての金メダルですから、「ジェットコースターに乗っているよう」という表現もうなずけます。良いことの後には悪いことがやって来て、再び良いことが起きる。人生は最終的にはプラスマイナスゼロで、その振れ幅は人によってかなりの差があるのです。

WORDS OF YUZURU HANYU 79

整理整頓が運を引き寄せる

試合の前にやること――僕は必ず、ホテルの部屋をきれいにすることを心がけています。

▼『蒼い炎』

ワールドカップサッカーの日本代表を二度にわたって率いた名監督・岡田武史が、横浜F・マリノスの監督時代、選手に言い続けたことがあります。それは、ロッカーをきれいにすることでした。

ロッカーの整理と試合は関係ないように思えますが、「整理整頓なんて」「このくらいは、まあいいいか」という気持ちは試合にも出るというのです。

ここぞという場面で「まあいいいか」という気持ちがあると、負けにつながってしまう。これが岡田武史の考え方でした。

羽生結弦は、試合前に宿泊しているホテルの部屋をきれいにすることを心がけていたといいます。部屋の中にあるもの一つひとつを決まった角度で配置したといいますから、その徹底ぶりに驚かされます。

きっかけは、ある試合の前に部屋をきれいにして滑ったところ、良い結果が出たから。以来、試合前にはホテルの部屋の整理整頓を心がけるようになりました。

以前、大リーグの大谷翔平が、グラウンドに落ちているゴミを拾ってポケットに入れる行為が話題になりました。二人の行動には共通する何かがあるのでしょう。

身の回りをきれいに整えることは、強運を引き寄せ、勝負の神様に愛される行為なのかもしれません。

WORDS OF YUZURU HANYU 80

栄冠にふさわしい人になる

これからの人生、オリンピックの金メダリストとしてまっとうしたいと思います。

▼『Number PLUS 羽生結弦2010-2022』

２０１８年２月の平昌オリンピックで、羽生結弦は男子フィギュアスケートでは66年ぶりとなる連覇を達成。同年７月には史上最年少の23歳で国民栄誉賞を授与されています。

４歳でスケートを始め、早くからオリンピックでの金メダル獲得を目標としてきた羽生ですが、それから20年も経たないうちに、アスリートとしてのあらゆる栄冠を手にしたことになります。若くして頂点に立ったことで、息苦しさはなかったのでしょうか。

羽生は平昌オリンピックの後、「これからはもう、本当に自分のために滑ってもいいのかなと思いました」と語りました。競技者としての重圧から解放されて、自分が望むプログラムを自由に滑りたいと考えたのです。

また、４年前のソチ五輪の後は、震災の復興やスケートの普及に自分の力を活用したい、とも話しています。

「才能は生き方で決まる」という言い方があるように、その人がどう生きるかで、才能に対する評価も大きく変わってきます。「金メダリストとして（人生を）まっとうしたい」という羽生の言葉からは、強い使命感や生きるうえでの覚悟を感じずにはいられません。

「羽生結弦」参考文献

『羽生結弦　未来をつくる』

羽生結弦・折山淑美著、集英社

『蒼い炎』

羽生結弦著、扶桑社

『夢を生きる』

羽生結弦著、中央公論新社

『羽生結弦　王者のメソッド』

野口美恵著、文春文庫

『共に、前へ　羽生結弦　東日本大震災10年の記憶』

日本テレビ『news every.』取材班著、祥伝社

『羽生結弦　連覇の原動力［完全版］』

AERA編集部編、朝日新聞出版

『Number PLUS　2015-2016フィギュアスケート　銀盤の奇跡』

文藝春秋

『Number PLUS　2019-2020フィギュアスケート　銀盤に願いを』

文藝春秋

『Number PLUS　羽生結弦2010-2022』

文藝春秋

『Number』818 868 875 900 941 966 特別増刊号 平昌へ 947 977 1045 1046

文藝春秋

桑原《くわばら》 晃弥《てるや》

1956年、広島県生まれ。経済・経営ジャーナリスト。慶應義塾大学卒。業界紙記者などを経てフリージャーナリストとして独立。トヨタ式の普及で有名な若松義人氏の会社の顧問として、トヨタ式の実践現場や、大野耐一氏直系のトヨタマンを幅広く取材、トヨタ式の書籍やテキストなどの制作を主導した。一方でスティーブ・ジョブズやジェフ・ベゾスなどのIT企業の創業者や、本田宗一郎、松下幸之助など成功した起業家の研究をライフワークとし、人材育成から成功法まで鋭い発信を続けている。著書に『人間関係の悩みを消す　アドラーの言葉』『自分を活かし成果を出す　ドラッカーの言葉』（ともにリベラル社）、『スティーブ・ジョブズ名語録』（PHP研究所）、『トヨタ式「すぐやる人」になれる8つのすごい！仕事術』（笠倉出版社）、『ウォーレン・バフェット』（朝日新聞出版）、『トヨタ式5W1H思考』（KADOKAWA）、『1分間アドラー』（SBクリエイティブ）、『amazonの哲学』（だいわ文庫）などがある。

イラスト　宮島亜希
デザイン　宮下ヨシヲ（サイフォン・グラフィカ）
DTP　尾本卓弥・杉本礼央菜（リベラル社）
編集人　安永敏史（リベラル社）
編集　木田秀和（リベラル社）
営業　津田滋春（リベラル社）
広報マネジメント　伊藤光恵（リベラル社）
制作・営業コーディネーター　仲野進（リベラル社）

編集部　中村彩
営業部　津村卓・澤順二・廣田修・青木ちはる・竹本健志・持丸孝・坂本鈴佳

「限界」に向かって跳ぶ **羽生結弦の言葉**

2024年1月22日　初版発行

著　者　桑 原　晃 弥
発行者　隅 田　直 樹
発行所　株式会社 リベラル社
〒460-0008　名古屋市中区栄3-7-9　新鏡栄ビル8F
TEL 052-261-9101　FAX 052-261-9134
http://liberalsya.com
発　売　株式会社 星雲社（共同出版社・流通責任出版社）
〒112-0005　東京都文京区水道1-3-30
TEL 03-3868-3275
印刷・製本所　株式会社 シナノパブリッシングプレス

 ISBN978-4-434-33176-3　C0095

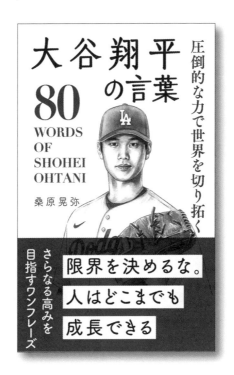